检修汽车
电子电气与空调系统

主　编◎李富香
副主编◎田介春　黄　伟　张小龙　赵晓敏　王　瑛

清华大学出版社
北京

内 容 简 介

本书为高等职业学校汽车检测与维修技术专业新型活页教材。

本书通过走访汽车维修企业开展调研，从汽车启动与充电系统、电器与控制系统、空调系统三个场景来梳理汽车电子电气与空调系统方面的实际维修案例和典型工作任务，共设计了16个学习情境，包括汽车充电系统、启动系统、电动车窗、电动后视镜、中控门锁、电动雨刮器、车灯、空调控制系统等电路的工作原理和检测方法，每个学习情境中含有若干个典型工作环节（任务），让学习者可以实现"做中学"，即在完成工作任务的过程中深化专业知识，掌握专业技能。

本书既可作为高等职业学校汽车检测与维修技术专业的教学用书，也可供从事汽车维修的技术人员和技师使用，还可作为汽车维修技能培训的教材。

本书封面贴有清华大学出版社防伪标签，无标签者不得销售。

版权所有，侵权必究。举报：010-62782989，beiqinquan@tup.tsinghua.edu.cn。

图书在版编目（CIP）数据

检修汽车电子电气与空调系统 / 李富香主编.

北京：清华大学出版社，2025.2. --ISBN 978-7-302-67720-8

Ⅰ.U472.41

中国国家版本馆CIP数据核字第2025TK2338号

责任编辑：杜春杰
封面设计：刘　超
版式设计：文森时代
责任校对：范文芳
责任印制：杨　艳

出版发行：清华大学出版社
网　　址：https://www.tup.com.cn，https://www.wqxuetang.com
地　　址：北京清华大学学研大厦A座　　　　邮　编：100084
社 总 机：010-83470000　　　　　　　　　 邮　购：010-62786544
投稿与读者服务：010-62776969，c-service@tup.tsinghua.edu.cn
质量反馈：010-62772015，zhiliang@tup.tsinghua.edu.cn
印 装 者：三河市人民印务有限公司
经　　销：全国新华书店
开　　本：185mm×260mm　　　　印　张：19.5　　　　字　数：459千字
版　　次：2025年2月第1版　　　　　　　　印　次：2025年2月第1次印刷
定　　价：79.00元

产品编号：100815-01

总　　序

　　自2019年《国家职业教育改革实施方案》颁行以来,"双高建设"和"提质培优"成为我国职业教育高质量建设的重要抓手。必须明确的是,"职业教育和普通教育是两种不同教育类型,具有同等重要地位",这不仅是政策要求,也在《中华人民共和国职业教育法》中提及,即"职业教育是与普通教育具有同等重要地位的教育类型"。两者最大的不同在于,职业教育是专业教育,普通教育是学科教育。专业,就是职业在教育领域的模拟、仿真、镜像、映射或者投射,就是让学生"依葫芦画瓢"地学会职业岗位上应该完成的工作;学科,就是职业领域的规律和原理的总结、归纳和升华,就是让学生学会事情背后的底层逻辑、哲学思想和方法论。因此,前者重在操作和实践,后者重在归纳和演绎。但是,必须明确的是,无论任何时候,职业总是规约专业和学科的发展方向,而专业和学科则以相辅相成的关系表征着职业发展的需求。可见,职业教育的高质量建设,其命脉就在于专业建设,而专业建设的关键内容就是调研企业、制订人才培养方案、开发课程和教材、教学实施、教学评价以及配置相应的资源和条件,这其实就是教育领域的人才培养链条。

　　在职业教育人才培养的链条中,调研企业就相当于"第一粒纽扣",如果调研企业不深入,则会导致后续的各个专业建设环节出现严峻的问题,最终导致人才培养的结构性矛盾;人才培养方案就是职业教育人才培养的"宪法"和"菜谱",它规定了专业建设其他各个环节的全部内容;课程和教材就好比人才培养过程中所需要的"食材",是教师通过教学实施"饲喂"给学生的"精神食粮";教学实施,就是教师根据学生的"消化能力",从而对"食材"进行特殊的加工(即备课),形成学生爱吃的美味佳肴(即教案),并使用某些必要的"餐具"(即教学设备和设施,包括实习实训资源),"饲喂"给学生,并让学生学会自己利用"餐具"来享受这些美味佳肴;教学评价,就是教师测量或者估量学生自己利用"餐具"品尝这些美味佳肴的熟练程度,以及"食用"这些"精神食粮"之后的成长增量或者成长状况;资源和条件,就是教师"饲喂"和学生"食用"过程中所需要借助的"工具"或者保障手段等。在此需要注意的是,课程和教材实际上就是"一个硬币的两面",前者重在实质性的内容,后者重在形式上的载体;随着数字技术的广泛应用,电子教材、数字教材和融媒体教材等出现后,课程和教材的界限正在逐渐消融。在大多数情况下,只要不是专门进行理论研究的人员,就不要过纠缠课程和教材之间的细微差别,而是要抓住其精髓,重在教会学生做事的能力。显而易见,课程之于教师,就是米面之于巧妇;课程之于学生,就是饭菜之于饥客。因此,职业教育专业建设的关键在于调研企业,但是重心在于课程和教材建设。

　　然而,在所谓的"教育焦虑"和"教育内卷"面前,职业教育整体向学科教育靠近的氛围已经酝酿成熟,摆在职业教育高质量发展面前的问题是,究竟仍然朝着高质量的"学

检修汽车电子电气与空调系统

科式"职业教育发展,还是秉持高质量的"专业式"职业教育迈进。究其根源,"教育焦虑"和"教育内卷"仅仅是经济发展过程中的征候,其解决的钥匙在于经济改革,而不在于教育改革。但是,就教育而言,则必须首先能够适应经济的发展趋势,方能做到"有为才有位"。因此,"学科式"职业教育的各种改革行动,必然会进入"死胡同",而真正的高质量职业教育的出路依然是坚持"专业式"职业教育的道路。可事与愿违的是,目前的职业教育的课程和教材,包括现在流通的活页教材,仍然是学科逻辑的天下,难以彰显职业教育的类型特征。为了扭转这种局面,工作过程系统化课程开发范式核心研究团队协同青海交通职业技术学院、鄂尔多斯理工学校、深圳宝安职业技术学校、中山市第一职业技术学校、重庆工商职业学院、包头机械工业职业学校、吉林铁道职业技术学院、内蒙古环成职业技术学校、重庆航天职业技术学院、重庆建筑工程职业学院、赤峰应用职业技术学院、赤峰第一职业中等专业学校、广西幼儿师范高等专科学校等,按照工作过程系统化课程开发范式,借鉴德国学习场课程,按照专业建设的各个环节循序渐进地推进教育改革,并从企业调研入手,开发了系列专业核心课程,撰写了基于"资讯—计划—决策—实施—检查—评价"(以下简称 IPDICE)行动导向教学法的工单式活页教材,并在部分学校进行了教学实施和教学评价,特别是与"学科逻辑教材+讲授法"进行了对比教学实验。

经过上述教学实践,明确了该系列活页教材的优点。第一,内容来源于企业生产,能够将新技术、新工艺和新知识纳入教材当中,为学生高契合度就业提供了必要的基础。第二,体例结构有重要突破,打破了以往的学科逻辑教材的"章—单元—节"这样的体例,创立了由"学习情境—学习性工作任务—典型工作环节—IPDICE 活页表单"构成的行动逻辑教材的新体例。第三,实现一体融合,促进课程(教材)和教学(教案)模式融为一体,结合"1+X"证书制度的优点,兼顾职业教育教学标准"知识、技能、素质(素养)"三维要素以及思政元素的新要求,通过"动宾结构+时序原则"以及动宾结构的"行动方向、目标值、保障措施"三个元素来表述每个典型工作环节的具体职业标准的方式,达成了"理实一体、工学一体、育训一体、知行合一、课证融通"的目标。第四,通过模块化教学促进学生的学习迁移,即教材按照由易到难的原则编排学习情境以及学习性工作任务,实现促进学生学习迁移的目的,按照典型工作环节及配套的 IPDICE 活页表单组织具体的教学内容,实现模块化教学的目的。正因为如此,该系列活页教材也能够实现"育训一体",这是因为培训针对的是特定岗位和特定的工作任务,解决的是自迁移的问题,也就是"教什么就学会什么"即可;教育针对的则是不确定的岗位或者不确定的工作任务,解决的是远迁移的问题,即通过教会学生某些事情,希望学生能掌握其中的方法和策略,以便未来能够自己解决任何从未遇到过的问题。在这其中,IPDICE 实际上就是完成每个典型工作环节的方法和策略。第五,能够改变学生不良的行为习惯并提高学生的自信心,即每个典型工作环节均需要通过 IPDICE 六个维度完成,且每个典型工作环节完成之后均需要以"E(评价)"结束,因而不仅能够改变学生不良的行为习惯,还能够提高学生的自信心。除此之外,该系列活页教材还有很多其他优点,请各院校的师生在教学实践中来发现,在此不再一一赘述。

当然,从理论上来说,活页教材固然具有能够随时引入新技术、新工艺和新知识等很多优点,但是也有很多值得思考的地方。第一,环保性问题,即实际上一套完整的活页教材既需要教师用书和教师辅助手册，还需要学生用书和学生练习手册等，且每次授课会产生大量的学生课堂作业的活页表单，非常浪费纸张和印刷耗材；第二，便携性问题，即当前活页教材是以活页形式装订在一起的，如果整本书带入课堂则非常厚重，如果按照学习性工作任务拆开带入课堂则容易遗失；第三，教学评价数据处理的工作量较大，即按照每个学习性工作任务5个典型工作环节（任务），每个典型工作环节有IPDICE 6个活页表单，每个活页表单需要至少5个采分点，每个班按照50名学生计算，则每次授课结束后，就需要教师评价7500个采分点，可想而知这个工作量非常大；第四，内容频繁更迭的内在需求和教材出版周期较长的悖论，即活页教材本来是为了满足职业教育与企业紧密合作，并及时根据产业技术升级更新教材内容，但是教材出版需要比较漫长的时间，这其实与活页教材开发的本意相互矛盾。为此，工作过程系统化课程开发范式核心研究团队根据职业院校"双高计划"和"提质培优"的要求，以及教育部关于专业的数字化升级、学校信息化和数字化的要求，研制了基于工作过程系统化课程开发范式的教育业务规范管理系统，能够满足专业建设的各个重要环节，不仅能够很好地解决上述问题，还能够促进师生实现线上和线下相结合的行动逻辑的混合学习，改变了以往学科逻辑混合学习的教育信息化模式。同理，该系列活页教材的弊端也还有很多，同样请各院校的师生在教学实践中来发现，在此不再一一赘述。

特别需要提醒的是，如果教师感觉IPDICE表单不适合自己的教学风格，那就按照项目教学法的方式，只讲授每个学习情境下的各个学习性工作任务的任务单即可。大家认真尝试过IPDICE教学法之后就会发现，IPDICE是非常有价值的教学方法，因为这种教学方法不仅能够改变学生不良的行为习惯，还能够增强学生的自信心，因而能够提升学生学习的积极性，并减轻教师的工作压力。

大家常说："天下职教一家人。"因此，在使用该系列教材的过程中，如果遇到任何问题，或者有更好的改进思想，敬请来信告知，我们会及时进行认真回复。

姜大源　闫智勇　吴全全
2023年9月于天津

前　言

本书由青海交通职业技术学院汽车工程学院专业教师和思政部教师联合完成，汽车工程学院专业教师主要从"教什么"入手，结合一线教师企业调研结果，提炼汽车电子电气与空调系统检修的"典型工作任务"，之后围绕这些典型工作任务逐项提升教师自身的动手能力，同时将这些典型工作任务转化成学习情境，解决了"怎么教"和"怎么学"的问题。

现在汽车使用的电子系统越来越多，主要原因在于其可靠性高，附加工作流程更快，并能减小组件的尺寸。在车辆中安装电子系统的最终目的是使车辆更安全、更可靠、更舒适，从而确保现在和将来的销售业绩。为了了解电气、机电系统内的复杂关系，电子电气系统的基础知识对于"非电工"出身的汽修技师来说也非常重要。

本书的内容包含了汽车充电系统、启动系统、电动车窗、电动后视镜、中控门锁、电动刮水器、车灯、空调控制系统等电路工作原理和检测方法。

本书由青海交通职业技术学院李富香担任主编，青海交通职业技术学院田介春、黄伟、张小龙、赵晓敏、王瑛、董琴参与编写。

限于编者的经历和水平，书中难免存在疏漏之处，敬请广大读者批评指正，提出修改意见和建议，以便修改。

编　者
2024 年 2 月

目 录

学习情境一　检测启动条件信号 ·· 1

　　任务一　检测启动条件信号的准备工作 ··· 1
　　任务二　安装安全防护用具 ·· 4
　　任务三　检查发动机运行前的状况 ·· 7
　　任务四　检测启动条件信号 ·· 10
　　任务五　填写检测报告 ··· 14

学习情境二　检测启动控制电路 ·· 17

　　任务一　验证汽车启动状态 ·· 17
　　任务二　检测启动熔断器 ·· 20
　　任务三　检测继电器供电电压 ·· 23
　　任务四　检测启动控制电路 ·· 26
　　任务五　填写检测报告 ··· 29

学习情境三　检测汽车发电机电路 ·· 32

　　任务一　检测汽车发电机电路的准备工作 ·· 32
　　任务二　安装安全防护用具 ·· 35
　　任务三　检查发动机运行前的状况 ·· 38
　　任务四　检测发电机电路 ·· 42
　　任务五　填写检测报告 ··· 46

学习情境四　检修启动与充电性能 ·· 49

　　任务一　检修启动与充电性能的准备工作 ·· 49
　　任务二　安装安全防护用具 ·· 52
　　任务三　检查发动机运行前的状况 ·· 55
　　任务四　检测启动与充电性能 ·· 59
　　任务五　填写检测报告 ··· 63

学习情境五　检测雨刮电机电路 ·· 66

　　任务一　检测雨刮电机电路的准备工作 ··· 66
　　任务二　安装安全防护用具 ·· 69

任务三 查阅雨刮电机电路图 …………………………………………………… 72
  任务四 检测雨刮电机电路 ……………………………………………………… 75
  任务五 填写检测报告 …………………………………………………………… 78

学习情境六 检测玻璃洗涤系统电路 ……………………………………………………… 81
  任务一 检测玻璃洗涤系统电路的准备工作 ………………………………… 81
  任务二 查阅玻璃洗涤系统电路图 …………………………………………… 84
  任务三 确认玻璃洗涤系统电路元件安装位置 ………………………………… 88
  任务四 辨认玻璃洗涤系统电路引脚信息 ……………………………………… 91
  任务五 检测玻璃洗涤系统电路 ………………………………………………… 94
  任务六 填写检测报告 …………………………………………………………… 98

学习情境七 检测转向灯控制电路 ……………………………………………………… 101
  任务一 检测转向灯控制电路的准备工作 ……………………………………… 101
  任务二 查阅转向灯控制电路图 ………………………………………………… 104
  任务三 确认转向灯控制电路元件安装位置 …………………………………… 108
  任务四 辨认转向灯控制电路引脚信息 ………………………………………… 111
  任务五 检测转向灯控制电路 …………………………………………………… 114
  任务六 填写检测报告 …………………………………………………………… 117

学习情境八 检测喇叭控制电路 ………………………………………………………… 121
  任务一 检测喇叭控制电路的准备工作 ………………………………………… 121
  任务二 查阅喇叭控制电路图 …………………………………………………… 124
  任务三 确认喇叭控制电路元件的安装位置 …………………………………… 127
  任务四 辨认喇叭控制电路引脚信息 ………………………………………… 130
  任务五 检测喇叭控制电路 ……………………………………………………… 134
  任务六 填写检测报告 …………………………………………………………… 137

学习情境九 检测车窗升降开关电路 …………………………………………………… 141
  任务一 检测车窗升降开关电路的准备工作 …………………………………… 141
  任务二 查阅车窗升降开关电路图 …………………………………………… 144
  任务三 确认车窗升降开关电路元件安装位置 ………………………………… 148
  任务四 辨认车窗升降开关电路引脚信息 ……………………………………… 151
  任务五 检测车窗升降开关波形 ………………………………………………… 154
  任务六 填写检测报告 …………………………………………………………… 157

学习情境十 检测后视镜控制电路 ……………………………………………………… 161
  任务一 检测后视镜控制电路的准备工作 ……………………………………… 161

任务二　查阅后视镜控制电路图 …………………………………… 164
　　任务三　确认后视镜控制电路元件安装位置 …………………… 168
　　任务四　辨认后视镜控制电路引脚信息 ………………………… 171
　　任务五　检测后视镜控制电路 …………………………………… 174
　　任务六　填写检测报告 …………………………………………… 178

学习情境十一　检测中控门锁控制电路 …………………………… 181
　　任务一　检测中控门锁控制电路的准备工作 …………………… 181
　　任务二　查阅中控门锁控制电路图 ……………………………… 184
　　任务三　确认中控门锁控制电路元件的安装位置 ……………… 187
　　任务四　辨认中控门锁控制电路引脚信息 ……………………… 190
　　任务五　检测中控门锁控制电路 ………………………………… 194
　　任务六　填写检测报告 …………………………………………… 197

学习情境十二　检测危险警告灯控制电路 ………………………… 201
　　任务一　检测危险警告灯控制电路的准备工作 ………………… 201
　　任务二　查阅危险警告灯控制电路图 …………………………… 204
　　任务三　确认危险警告灯控制电路元件的安装位置 …………… 208
　　任务四　辨认危险警告灯控制电路引脚信息 …………………… 211
　　任务五　检测危险警告灯控制电路 ……………………………… 214
　　任务六　填写检测报告 …………………………………………… 218

学习情境十三　检测制动灯控制电路 ………………………………… 221
　　任务一　检测制动灯控制电路的准备工作 ……………………… 221
　　任务二　查阅制动灯控制电路图 ………………………………… 224
　　任务三　确认制动灯控制电路元件的安装位置 ………………… 228
　　任务四　辨认制动灯控制电路引脚信息 ………………………… 231
　　任务五　检测制动灯控制电路 …………………………………… 234
　　任务六　填写检测报告 …………………………………………… 238

学习情境十四　检测空调制冷性能 …………………………………… 241
　　任务一　检测空调制冷性能的准备工作 ………………………… 241
　　任务二　安装安全防护用具 ……………………………………… 244
　　任务三　检查发动机运行前的状况 ……………………………… 248
　　任务四　检测空调系统性能 ……………………………………… 251
　　任务五　填写检测报告 …………………………………………… 255

学习情境十五　检测空调制冷系统控制电路···258

任务一　检测空调制冷系统控制电路的准备工作···258
任务二　查阅空调制冷系统控制电路图···261
任务三　确认空调制冷系统控制电路元件安装位置···265
任务四　辨认空调制冷系统控制电路引脚信息···268
任务五　检测空调制冷系统控制电路···271
任务六　填写检测报告···275

学习情境十六　检测鼓风机控制电路···278

任务一　检测鼓风机控制电路的准备工作···278
任务二　查阅鼓风机控制电路图···281
任务三　确认鼓风机控制电路元件的安装位置···285
任务四　辨认鼓风机控制电路引脚信息···288
任务五　检测鼓风机控制电路···291
任务六　填写检测报告···295

参考文献···298

学习情境一 检测启动条件信号

任务一 检测启动条件信号的准备工作

1. 检测启动条件信号准备工作的资讯单

学习场	检测启动与充电系统
学习情境一	检测启动条件信号
学时	0.1 学时
典型工作过程描述	准备工作—安装安全防护用具—检查发动机运行前的状况—检测启动条件信号—填写检测报告
搜集资讯的方式	线下图书与线上资源相结合。
资讯描述	1. 启动系统的组成。 2. 启动系统工作原理。 3. 解码仪的使用方法
对学生的要求	1. 掌握启动系统组成的知识。 2. 掌握启动系统工作原理。 3. 掌握解码仪的使用方法。 4. 准备工具与设备。 5. 能够养成 6S 规范作业习惯。 6. 能够培养团队意识、工匠精神、职业精神。
参考资料	《汽车电气系统检修》配套教材。

2. 检测启动条件信号准备工作的计划单

学习场	检测启动与充电系统	
学习情境一	检测启动条件信号	
学时	0.1 学时	
典型工作过程描述	准备工作—安装安全防护用具—检查发动机运行前的状况—检测启动条件信号—填写检测报告	
计划制订的方式	小组讨论。	
序 号	工 作 步 骤	注 意 事 项
1	启动系统的组成。	描述清楚。
2	启动系统工作原理。	描述清楚。
3	解码仪的使用方法。	参数单位、菜单的选择。
4	准备工具与设备。	型号选择正确。

检修汽车电子电气与空调系统

	班级		第　　组		组长签字	
计划评价	教师签字			日期		
	评语：					

3. 检测启动条件信号准备工作的决策单

学习场	检测启动与充电系统
学习情境一	检测启动条件信号
学时	0.1 学时
典型工作过程描述	准备工作—安装安全防护用具—检查发动机运行前的状况—检测启动条件信号—填写检测报告

计 划 对 比					
序　号	计划的可行性	计划的经济性	计划的可操作性	计划的实施难度	综 合 评 价
1					
2					
3					
4					

	班级		第　　组		组长签字	
决策评价	教师签字			日期		
	评语：					

4. 检测启动条件信号准备工作的实施单

学习场	检测启动与充电系统
学习情境一	检测启动条件信号
学时	0.1 学时
典型工作过程描述	准备工作—安装安全防护用具—检查发动机运行前的状况—检测启动条件信号—填写检测报告

序　号	实 施 步 骤	注 意 事 项
1	启动系统的组成。 记录：	描述清楚。

2	启动系统工作原理。 记录：	描述清楚。
3	解码仪的使用方法。 记录：	注意参数单位、菜单的选择。
4	准备工具与设备。 记录：	型号选择正确。

实施评价	实施说明：				
	班级		第 组	组长签字	
	教师签字		日期		
	评语：				

5. 检测启动条件信号准备工作的检查单

学习场	检测启动与充电系统			
学习情境一	检测启动条件信号			
学时	0.1 学时			
典型工作过程描述	准备工作—安装安全防护用具—检查发动机运行前的状况—检测启动条件信号—填写检测报告			
序 号	检 查 项 目	检 查 标 准	学 生 自 查	教 师 检 查
1	启动系统的组成	是否描述清楚		
2	启动系统工作原理	是否描述清楚		
3	解码仪的使用方法	参数单位、菜单的选择是否正确		
4	准备工具与设备	型号选择是否正确		
检查评价	班级		第 组	组长签字	
	教师签字		日期		
	评语：				

6. 检测启动条件信号准备工作的评价单

学习场	检测启动与充电系统			
学习情境一	检测启动条件信号			
学时	0.1 学时			
典型工作过程描述	准备工作—安装安全防护用具—检查发动机运行前的状况—检测启动条件信号—填写检测报告			
评价项目	评价子项目	学生自评	组内评价	教师评价
启动系统的组成	描述清楚			
启动系统工作原理	描述清楚			
解码仪的使用方法	参数单位、菜单的选择正确			
准备工具与设备	型号选择正确			
评价的评价	班级		第 组	组长签字	
	教师签字		日期		
	评语:				

任务二　安装安全防护用具

1. 安装安全防护用具的资讯单

学习场	检测启动与充电系统
学习情境一	检测启动条件信号
学时	0.1 学时
典型工作过程描述	准备工作—**安装安全防护用具**—检查发动机运行前的状况—检测启动条件信号—填写检测报告
搜集资讯的方式	线下图书与线上资源相结合。
资讯描述	1. 了解安全防护用具有哪些。 2. 学会正确安装安全防护用具。
对学生的要求	1. 能正确安装翼子板布、前格栅布。 2. 能正确安装室内四件套。 3. 能正确安装车轮挡块。 4. 能正确安装尾气排放管。 5. 能够养成 6S 规范作业习惯。 6. 能够培养团队意识、工匠精神、职业精神。
参考资料	《汽车电气系统检修》配套教材。

2. 安装安全防护用具的计划单

学习场	检测启动与充电系统		
学习情境一	检测启动条件信号		
学时	0.1 学时		
典型工作过程描述	准备工作—**安装安全防护用具**—检查发动机运行前的状况—检测启动条件信号—填写检测报告		
计划制订的方式	小组讨论。		
序　号	工　作　步　骤	注　意　事　项	
1	安装翼子板布、前格栅布。	方向、位置。	
2	安装室内四件套。	安装是否正确。	
3	安装车轮挡块。	位置。	
4	安装尾气排放管。	安装牢靠。	
计划评价	班级		第　组	组长签字	
	教师签字		日期		
	评语：				

3. 安装安全防护用具的决策单

学习场	检测启动与充电系统				
学习情境一	检测启动条件信号				
学时	0.1 学时				
典型工作过程描述	准备工作—**安装安全防护用具**—检查发动机运行前的状况—检测启动条件信号—填写检测报告				
计　划　对　比					
序　号	计划的可行性	计划的经济性	计划的可操作性	计划的实施难度	综合评价
1					
2					
3					
4					
决策评价	班级		第　组	组长签字	
	教师签字		日期		
	评语：				

4. 安装安全防护用具的实施单

学习场	检测启动与充电系统	
学习情境一	检测启动条件信号	
学时	0.1 学时	
典型工作过程描述	准备工作—安装安全防护用具—检查发动机运行前的状况—检测启动条件信号—填写检测报告	
序　号	实 施 步 骤	注 意 事 项
1	安装翼子板布、前格栅布。	方向、位置。
2	安装室内四件套。	安装是否正确。
3	安装车轮挡块。	位置。
4	安装尾气排放管。	安装牢靠。
实施说明：		
实施评价	班级　　　　　　　　　　第　组　　组长签字	
	教师签字　　　　　　　　日期	
	评语：	

5. 安装安全防护用具的检查单

学习场	检测启动与充电系统			
学习情境一	检测启动条件信号			
学时	0.1 学时			
典型工作过程描述	准备工作—**安装安全防护用具**—检查发动机运行前的状况—检测启动条件信号—填写检测报告			
序　号	检 查 项 目	检 查 标 准	学 生 自 查	教 师 检 查
1	安装翼子板布、前格栅布	安装是否正确		
2	安装室内四件套	安装是否正确		
3	安装车轮挡块	安装是否正确		
4	安装尾气排放管	安装是否牢靠		
检查评价	班级　　　　　　　　第　组　　组长签字			
	教师签字　　　　　　日期			
	评语：			

6. 安装安全防护用具的评价单

学习场	检测启动与充电系统			
学习情境一	检测启动条件信号			
学时	0.1 学时			
典型工作过程描述	准备工作—**安装安全防护用具**—检查发动机运行前的状况—检测启动条件信号—填写检测报告			
评价项目	评价子项目	学 生 自 评	组 内 评 价	教 师 评 价
作业流程完整性	作业流程是否完整			
作业流程规范性	作业流程是否规范			
6S 管理	是否做到 6S 管理			
评价的评价	班级		第　组	组长签字
	教师签字		日期	
	评语:			

任务三　检查发动机运行前的状况

1. 检查发动机运行前的状况的资讯单

学习场	检测启动与充电系统
学习情境一	检测启动条件信号
学时	0.2 学时
典型工作过程描述	准备工作—安装安全防护用具—**检查发动机运行前的状况**—检测启动条件信号—填写检测报告
搜集资讯的方式	线下图书与线上资源相结合。
资讯描述	1. 学会查阅标准值。 2. 学会正确检查机油液位。 3. 学会正确检查防冻液液位。 4. 学会正确检测蓄电池电压。
对学生的要求	1. 能正确查阅标准值。 2. 能正确检查机油液位。 3. 能正确检查防冻液液位。 4. 能正确检测蓄电池电压。 5. 能够养成 6S 规范作业习惯。 6. 能够培养团队意识、工匠精神、职业精神。
参考资料	《汽车启动系统检修》配套教材

2. 检查发动机运行前的状况的计划单

学习场	检测启动与充电系统		
学习情境一	检测启动条件信号		
学时	0.2 学时		
典型工作过程描述	准备工作—安装安全防护用具—**检查发动机运行前的状况**—检测启动条件信号—填写检测报告		
计划制订的方式	小组讨论。		
序 号	工 作 步 骤	注 意 事 项	
1	查阅标准值。	章节、页码、型号。	
2	检查机油液位。	检查方法。	
3	检查防冻液液位。	检查方法。	
4	检测蓄电池电压。	检查方法、单位。	
计划评价	班级		第 组	组长签字
	教师签字		日期	
	评语：			

3. 检查发动机运行前的状况的决策单

学习场	检测启动与充电系统				
学习情境一	检测启动条件信号				
学时	0.2 学时				
典型工作过程描述	准备工作—安装安全防护用具—**检查发动机运行前的状况**—检测启动条件信号—填写检测报告				
计 划 对 比					
序 号	计划的可行性	计划的经济性	计划的可操作性	计划的实施难度	综合评价
1					
2					
3					
4					
决策评价	班级		第 组	组长签字	
	教师签字		日期		
	评语：				

4. 检查发动机运行前的状况的实施单

学习场	检测启动与充电系统
学习情境一	检测启动条件信号
学时	0.2 学时
典型工作过程描述	准备工作—安装安全防护用具—**检查发动机运行前的状况**—检测启动条件信号—填写检测报告

序 号	实 施 步 骤	注 意 事 项
1	查阅标准值。	章节、页码、型号。
2	检查机油液位。	检查方法。
3	检查防冻液液位。	检查方法。
4	检测蓄电池电压。	检查方法、单位。

实施说明:	

实施评价	班级		第 组	组长签字	
	教师签字		日期		
	评语:				

5. 检查发动机运行前的状况的检查单

学习场	检测启动与充电系统
学习情境一	检测启动条件信号
学时	0.2 学时
典型工作过程描述	准备工作—安装安全防护用具—**检查发动机运行前的状况**—检测启动条件信号—填写检测报告

序 号	检 查 项 目	检 查 标 准	学生自查	教师检查
1	查阅标准值	章节、页码、型号是否选择正确		
2	检查机油液位	检查方法是否正确		
3	检查防冻液液位	检查方法是否正确		
4	检测蓄电池电压	检查方法、单位是否正确		

检查评价	班级		第 组	组长签字	
	教师签字		日期		
	评语:				

6. 检查发动机运行前的状况的评价单

学习场	检测启动与充电系统			
学习情境一	检测启动条件信号			
学时	0.2 学时			
典型工作过程描述	准备工作—安装安全防护用具—**检查发动机运行前的状况**—检测启动条件信号—填写检测报告			
评价项目	评价子项目	学生自评	组内评价	教师评价
作业流程完整性	作业流程是否完整			
作业流程规范性	作业流程是否规范			
评价的评价	班级		第　　组	组长签字	
	教师签字		日期		
	评语:				

任务四　检测启动条件信号

1. 检测启动条件信号的资讯单

学习场	检测启动与充电系统
学习情境一	检测启动条件信号
学时	0.2 学时
典型工作过程描述	准备工作—安装安全防护用具—检查发动机运行前的状况—**检测启动条件信号**—填写检测报告
搜集资讯的方式	线下图书与线上资源相结合。
资讯描述	1. 学会查阅标准值。 2. 学会连接解码仪诊断接口。 3. 学会进入解码仪诊断系统。 4. 学会选择控制单元 5. 学会读取启动条件信号。 6. 学会判断启动条件信号 50#供电信号。 7. 学会判断启动条件信号 P/N 挡位信号。 8. 学会判断启动条件信号制动信号。

学习情境一　检测启动条件信号

对学生的要求	1. 能正确查阅标准值。 2. 能正确连接解码仪诊断接口。 3. 能正确进入解码仪诊断系统。 4. 能正确选择控制单元。 5. 能正确读取启动条件信号 50#供电信号。 6. 能正确读取启动条件信号 P/N 挡位信号。 7. 能正确读取启动条件信号制动信号。 8. 能正确判断启动条件信号值。 9. 能够养成 6S 规范作业习惯。 10. 能够培养团队意识、工匠精神、职业精神。
参考资料	《汽车启动系统检修》配套教材。

2. 检测启动条件信号的计划单

学习场	检测启动与充电系统		
学习情境一	检测启动条件信号		
学时	0.2 学时		
典型工作过程描述	准备工作—安装安全防护用具—检查发动机运行前的状况—检测启动条件信号—填写检测报告		
计划制订的方式	小组讨论。		
序　号	工　作　步　骤	注　意　事　项	
1	查阅标准值。	页码、章节、型号。	
2	连接解码仪诊断接口。	插接头的选择及安装位置。	
3	进入解码仪诊断系统。	车辆信息。	
4	选择控制单元。	数据读取模块。	
5	读取启动条件信号 50#供电信号。	菜单选择正确。	
6	读取启动条件信号 P/N 挡位信号。	菜单选择正确。	
7	读取启动条件信号制动信号。	菜单选择正确。	
8	判断启动条件信号值。	数值、单位。	
计划评价	班级	第　组	组长签字
	教师签字	日期	
	评语：		

3. 检测启动条件信号的决策单

学习场	检测启动与充电系统				
学习情境一	检测启动条件信号				
学时	0.2学时				
典型工作过程描述	准备工作—安装安全防护用具—检查发动机运行前的状况—**检测启动条件信号**—填写检测报告				
	计 划 对 比				
序 号	计划的可行性	计划的经济性	计划的可操作性	计划的实施难度	综 合 评 价
1					
2					
3					
4					
决策评价	班级		第 组	组长签字	
	教师签字		日期		
	评语：				

4. 检测启动条件信号的实施单

学习场	检测启动与充电系统	
学习情境一	检测启动条件信号	
学时	0.2学时	
典型工作过程描述	准备工作—安装安全防护用具—检查发动机运行前的状况—**检测启动条件信号**—填写检测报告	
序 号	实 施 步 骤	注 意 事 项
1	查阅标准值。	页码、章节、型号。
2	连接解码仪诊断接口。	插接头的选择及安装位置。
3	进入解码仪诊断系统。	车辆信息。
4	选择发动机控制单元。	数据读取模块。
5	读取启动条件信号50#供电信号。	菜单选择正确。
6	读取启动条件信号P/N挡位信号。	菜单选择正确。
7	读取启动条件信号制动信号。	菜单选择正确。
8	判断启动条件信号值。	数值读取条件、单位。
实施说明：		
实施评价	班级	第 组	组长签字	
	教师签字		日期	
	评语：			

学习情境一 检测启动条件信号

5. 检测启动条件信号的检查单

学习场	检测启动与充电系统			
学习情境一	检测启动条件信号			
学时	0.2学时			
典型工作过程描述	准备工作—安装安全防护用具—检查发动机运行前的状况—**检测启动条件信号**—填写检测报告			
序 号	检 查 项 目	检 查 标 准	学 生 自 查	教 师 检 查
1	查阅标准值	页码、章节、型号的选择是否正确		
2	连接解码仪诊断接口	安装的位置是否正确		
3	进入解码仪诊断系统	车辆信息是否正确		
4	选择发动机控制单元	数据模块选择是否正确		
5	读取启动条件信号50#供电信号	单位、菜单选择是否正确		
6	读取启动条件信号P/N挡位信号	单位、菜单选择是否正确		
7	读取启动条件信号制动信号	单位、菜单选择是否正确		
8	判断启动条件信号值	数据的读取时刻、单位是否正确		
检查评价	班级		第 组	组长签字
	教师签字		日期	
	评语:			

6. 检测启动条件信号的评价单

学习场	检测启动与充电系统			
学习情境一	检测启动条件信号			
学时	0.2学时			
典型工作过程描述	准备工作—安装安全防护用具—检查发动机运行前的状况—**检测启动条件信号**—填写检测报告			
评价项目	评价子项目	学 生 自 评	组 内 评 价	教 师 评 价
作业流程完整性	作业流程是否完整			
作业流程规范性	作业流程是否规范			
评价的评价	班级		第 组	组长签字
	教师签字		日期	
	评语:			

任务五　填写检测报告

1. 填写检测报告的资讯单

学习场	检测启动与充电系统
学习情境一	检测启动条件信号
学时	0.2学时
典型工作过程描述	准备工作—安装安全防护用具—检查发动机运行前的状况—检测启动条件信号—填写检测报告
搜集资讯的方式	线下图书与线上资源相结合。
资讯描述	1. 学会对比分析检测数据。 2. 提出正确的维修建议。
对学生的要求	1. 正确分析检测数据。 2. 提出正确的维修建议。 3. 能够养成6S规范作业习惯。
参考资料	《汽车启动系统检修》配套教材。

2. 填写检测报告的计划单

学习场	检测启动与充电系统			
学习情境一	检测启动条件信号			
学时	0.2学时			
典型工作过程描述	准备工作—安装安全防护用具—检查发动机运行前的状况—检测启动条件信号—填写检测报告			
计划制订的方式	小组讨论。			
序号	工作步骤		注意事项	
1	对比分析测量数据。		分析正确、全面、透彻。	
2	提出正确的维修建议。		建议简单明了。	
计划评价	班级		第　组	组长签字
	教师签字		日期	
	评语:			

3. 填写检测报告的决策单

学习场	检测启动与充电系统
学习情境一	检测启动条件信号
学时	0.2学时
典型工作过程描述	准备工作—安装安全防护用具—检查发动机运行前的状况—检测启动条件信号—填写检测报告

学习情境一　检测启动条件信号

计 划 对 比					
序　号	计划的可行性	计划的经济性	计划的可操作性	计划的实施难度	综合评价
1					
2					
3					
4					
决策评价	班级		第　　组	组长签字	
	教师签字		日期		
	评语：				

4. 填写检测报告的实施单

学习场	检测启动与充电系统	
学习情境一	检测启动条件信号	
学时	0.2 学时	
典型工作过程描述	准备工作—安装安全防护用具—检查发动机运行前的状况—检测启动条件信号—填写检测报告	
序　号	实 施 步 骤	注 意 事 项
1	对比分析检测数据。	分析正确、全面、透彻。
2	提出正确的维修建议。	建议简单明了。
实施说明：		
实施评价	班级		第　　组	组长签字	
	教师签字		日期		
	评语：		

5. 填写检测报告的检查单

学习场	检测启动与充电系统			
学习情境一	检测启动条件信号			
学时	0.2学时			
典型工作过程描述	准备工作—安装安全防护用具—检查发动机运行前的状况—检测启动条件信号—填写检测报告			
序 号	检 查 项 目	检 查 标 准	学生自查	教师检查
1	对比分析检测数据	数据分析是否正确、全面、透彻		
2	提出正确的维修建议	维修建议是否合理		
检查评价	班级		第 组	组长签字
	教师签字		日期	
	评语：			

6. 填写检测报告的评价单

学习场	检测启动与充电系统			
学习情境一	检测启动条件信号			
学时	0.2学时			
典型工作过程描述	准备工作—安装安全防护用具—检查发动机运行前的状况—检测启动条件信号—填写检测报告			
评 价 项 目	评 价 子 项 目	学生自评	组内评价	教师评价
对比分析测量数据	检测数据分析是否全面、透彻			
提出正确的维修建议	维修建议是否合理			
评价的评价	班级		第 组	组长签字
	教师签字		日期	
	评语：			

学习情境二　检测启动控制电路

任务一　验证汽车启动状态

1. 验证汽车启动状态的资讯单

学习场	检测启动与充电系统
学习情境二	检测启动控制电路
学时	0.1 学时
典型工作过程描述	验证汽车启动状态—检测启动熔断器—检测继电器供电电压—检测启动控制电路—填写检测报告
搜集资讯的方式	线下图书与线上资源相结合。
资讯描述	1．汽车启动状态的描述。 2．启动控制电路的工作状态。 3．解码仪的使用方法。
对学生的要求	1．掌握启动控制电路的工作原理。 2．掌握汽车启动工作状态。 3．掌握解码仪的使用方法。 4．准备工具与设备。 5．能够养成 6S 规范作业习惯。 6．能够培养团队意识、工匠精神、职业精神。
参考资料	《汽车启动系统检修》配套教材。

2. 验证汽车启动状态的计划单

学习场	检测启动与充电系统	
学习情境二	检测启动控制电路	
学时	0.1 学时	
典型工作过程描述	验证汽车启动状态—检测启动熔断器—检测继电器供电电压—检测启动控制电路—填写检测报告	
计划制订的方式	小组讨论。	
序　号	工 作 步 骤	注 意 事 项
1	汽车启动控制电路的工作原理。	描述清楚。
2	汽车启动状态。	描述清楚。
3	解码仪的使用方法。	参数单位、菜单的选择。
4	准备工具与设备。	型号选择正确。

计划评价	班级			第 组	组长签字	
	教师签字			日期		
	评语：					

3. 验证汽车启动状态的决策单

学习场	检测启动与充电系统				
学习情境二	检测启动控制电路				
学时	0.1学时				
典型工作过程描述	验证汽车启动状态—检测启动熔断器—检测继电器供电电压—检测启动控制电路—填写检测报告				
计 划 对 比					
序 号	计划的可行性	计划的经济性	计划的可操作性	计划的实施难度	综合评价
1					
2					
3					
4					

决策评价	班级		第 组	组长签字	
	教师签字		日期		
	评语：				

4. 验证汽车启动状态的实施单

学习场	检测启动与充电系统
学习情境二	检测启动控制电路
学时	0.1学时
典型工作过程描述	验证汽车启动状态—检测启动熔断器—检测继电器供电电压—检测启动控制电路—填写检测报告

序 号	实 施 步 骤	注 意 事 项
1	汽车启动控制电路的工作原理。 记录：	描述清楚。
2	汽车启动状态。 记录：	描述清楚。

3	解码仪的使用方法。 记录：	注意参数单位、菜单的选择。
4	准备工具与设备。 记录：	型号选择正确。

实施说明：					
实施评价	班级		第　　组	组长签字	
	教师签字		日期		
	评语：				

5. 验证汽车启动状态的检查单

学习场	检测启动与充电系统			
学习情境二	检测启动控制电路			
学时	0.1 学时			
典型工作过程描述	验证汽车启动状态—检测启动熔断器—检测继电器供电电压—检测启动控制电路—填写检测报告			
序　号	检查项目	检查标准	学生自查	教师检查
1	汽车启动控制电路的工作原理	是否描述清楚		
2	汽车启动状态	是否描述清楚		
3	解码仪的使用方法	参数单位、菜单的选择是否正确		
4	准备工具与设备	型号选择是否正确		
检查评价	班级		第　　组	组长签字	
	教师签字		日期		
	评语：				

6. 验证汽车启动状态的评价单

学习场	检测启动与充电系统			
学习情境二	检测启动控制电路			
学时	0.1 学时			
典型工作过程描述	验证汽车启动状态—检测启动熔断器—检测继电器供电电压—检测启动控制电路—填写检测报告			
评价项目	评价子项目	学生自评	组内评价	教师评价
汽车启动控制电路的工作原理	描述清楚			
汽车启动状态	描述清楚			
解码仪的使用方法	参数单位、菜单的选择正确			
准备工具与设备	型号选择正确			
评价的评价	班级		第 组	组长签字
	教师签字		日期	
	评语:			

任务二 检测启动熔断器

1. 检测启动熔断器的资讯单

学习场	检测启动与充电系统
学习情境二	检测启动控制电路
学时	0.1 学时
典型工作过程描述	验证汽车启动状态—**检测启动熔断器**—检测继电器供电电压—检测启动控制电路—填写检测报告
搜集资讯的方式	线下图书与线上资源相结合。
资讯描述	1. 了解安全防护用具有哪些。 2. 学会正确安装安全防护用具。
对学生的要求	1. 能正确查找启动熔断器位置。 2. 能正确就车检查启动熔断器。 3. 能正确判断熔断器工作状态。 4. 能正确给出维修意见。 5. 能够养成 6S 规范作业习惯。 6. 能够培养团队意识、工匠精神、职业精神。
参考资料	《汽车启动系统检修》配套教材。

2. 检测启动熔断器的计划单

学习场	检测启动与充电系统			
学习情境二	检测启动控制电路			
学时	0.1学时			
典型工作过程描述	验证汽车启动状态—**检测启动熔断器**—检测继电器供电电压—检测启动控制电路—填写检测报告			
计划制订的方式	小组讨论。			
序 号	工 作 步 骤		注 意 事 项	
1	查找启动熔断器位置。		查找位置。	
2	就车检查启动熔断器。		检查方法。	
3	判断熔断器工作状态。		判断方法。	
4	给出维修意见。		维修意见正确。	
计划评价	班级		第 组	组长签字
	教师签字		日期	
	评语:			

3. 检测启动熔断器的决策单

学习场	检测启动与充电系统				
学习情境二	检测启动控制电路				
学时	0.1学时				
典型工作过程描述	验证汽车启动状态—**检测启动熔断器**—检测继电器供电电压—检测启动控制电路—填写检测报告				
计 划 对 比					
序 号	计划的可行性	计划的经济性	计划的可操作性	计划的实施难度	综 合 评 价
1					
2					
3					
4					
决策评价	班级		第 组	组长签字	
	教师签字		日期		
	评语:				

4. 检测启动熔断器的实施单

学习场	检测启动与充电系统
学习情境二	检测启动控制电路
学时	0.1 学时
典型工作过程描述	验证汽车启动状态—**检测启动熔断器**—检测继电器供电电压—检测启动控制电路—填写检测报告

序 号	实 施 步 骤	注 意 事 项
1	查找启动熔断器位置。	查找位置是否正确。
2	就车检查启动熔断器。	检查方法是否正确。
3	判断熔断器工作状态。	判断方法是否正确。
4	给出维修意见。	维修意见是否正确。

实施说明：

实施评价	班级		第 组	组长签字	
	教师签字		日期		
	评语：				

5. 检测启动熔断器的检查单

学习场	检测启动与充电系统
学习情境二	检测启动控制电路
学时	0.1 学时
典型工作过程描述	验证汽车启动状态—**检测启动熔断器**—检测继电器供电电压—检测启动控制电路—填写检测报告

序 号	检 查 项 目	检 查 标 准	学 生 自 查	教 师 检 查
1	查找启动熔断器位置	查找位置是否正确		
2	就车检查启动熔断器	检测方法是否正确		
3	判断熔断器工作状态	判断是否正确		
4	给出维修意见	维修意见是否正确		

检查评价	班级		第 组	组长签字	
	教师签字		日期		
	评语：				

6. 检测启动熔断器的评价单

学习场	检测启动与充电系统			
学习情境二	检测启动控制电路			
学时	0.1 学时			
典型工作过程描述	验证汽车启动状态—**检测启动熔断器**—检测继电器供电电压—检测启动控制电路—填写检测报告			
评价项目	评价子项目	学生自评	组内评价	教师评价
作业流程完整性	作业流程是否完整			
作业流程规范性	作业流程是否规范			
6S 管理	是否做到 6S 管理			
评价的评价	班级		第　　组	组长签字
	教师签字		日期	
	评语:			

任务三　检测继电器供电电压

1. 检测继电器供电电压的资讯单

学习场	检测启动与充电系统
学习情境二	检测启动控制电路
学时	0.2 学时
典型工作过程描述	验证汽车启动状态—检测启动熔断器—**检测继电器供电电压**—检测启动控制电路—填写检测报告
搜集资讯的方式	线下图书与线上资源相结合。
资讯描述	1. 学会查阅启动继电器供电电压。 2. 学会正确检测启动继电器供电电压。 3. 正确给出维修意见。
对学生的要求	1. 能正确查阅启动继电器供电电压。 2. 能正确检测启动继电器供电电压。 3. 能正确给出维修意见。 4. 能够养成 6S 规范作业习惯。 5. 能够培养团队意识、工匠精神、职业精神。
参考资料	《汽车启动系统检修》配套教材。

2. 检测继电器供电电压的计划单

学习场	检测启动与充电系统
学习情境二	检测启动控制电路
学时	0.2 学时
典型工作过程描述	验证汽车启动状态—检测启动熔断器—**检测继电器供电电压**—检测启动控制电路—填写检测报告
计划制订的方式	小组讨论。

序 号	工 作 步 骤	注 意 事 项
1	查阅启动继电器供电电压。	章节、页码、型号。
2	检测启动继电器供电电压。	检测方法。
3	给出维修意见。	

计划评价	班级		第 组		组长签字	
	教师签字		日期			
	评语：					

3. 检测继电器供电电压的决策单

学习场	检测启动与充电系统
学习情境二	检测启动控制电路
学时	0.2 学时
典型工作过程描述	验证汽车启动状态—检测启动熔断器—**检测继电器供电电压**—检测启动控制电路—填写检测报告

计 划 对 比						
序 号	计划的可行性	计划的经济性	计划的可操作性	计划的实施难度	综 合 评 价
1					
2					
3					
4					

决策评价	班级		第 组		组长签字	
	教师签字		日期			
	评语：					

4. 检测继电器供电电压的实施单

学习场	检测启动与充电系统
学习情境二	检测启动控制电路
学时	0.2 学时
典型工作过程描述	验证汽车启动状态—检测启动熔断器—**检测继电器供电电压**—检测启动控制电路—填写检测报告

序 号	实 施 步 骤	注 意 事 项
1	查阅启动继电器供电电压。	章节、页码、型号。
2	检测启动继电器供电电压。	检查方法。
3	给出维修意见。	

实施说明：

实施评价	班级		第 组		组长签字	
	教师签字		日期			
	评语：					

5. 检测继电器供电电压的检查单

学习场	检测启动与充电系统
学习情境二	检测启动控制电路
学时	0.2 学时
典型工作过程描述	验证汽车启动状态—检测启动熔断器—**检测继电器供电电压**—检测启动控制电路—填写检测报告

序 号	检 查 项 目	检 查 标 准	学生自查	教师检查
1	查阅启动继电器供电电压	章节、页码、型号是否选择正确		
2	检测启动继电器供电电压	检测方法是否正确		
3	给出维修意见	维修意见是否正确		

检查评价	班级		第 组		组长签字	
	教师签字		日期			
	评语：					

6. 检测继电器供电电压的评价单

学习场	检测启动与充电系统			
学习情境二	检测启动控制电路			
学时	0.2 学时			
典型工作过程描述	验证汽车启动状态—检测启动熔断器—**检测继电器供电电压**—检测启动控制电路—填写检测报告			
评价项目	评价子项目	学生自评	组内评价	教师评价
作业流程完整性	作业流程是否完整			
作业流程规范性	作业流程是否规范			
评价的评价	班级		第　　组	组长签字
	教师签字		日期	
	评语:			

任务四　检测启动控制电路

1. 检测启动控制电路的资讯单

学习场	检测启动与充电系统
学习情境二	检测启动控制电路
学时	0.2 学时
典型工作过程描述	验证汽车启动状态—检测启动熔断器—检测继电器供电电压—**检测启动控制电路**—填写检测报告
搜集资讯的方式	线下图书与线上资源相结合。
资讯描述	1. 学会查阅标准值。 2. 学会连接解码仪诊断接口。 3. 学会进入解码仪诊断系统。 4. 学会选择发动机控制单元。 5. 学会读取启动控制信号。 6. 学会判断启动控制信号工作状态。
对学生的要求	1. 能正确查阅标准值。 2. 能正确连接解码仪诊断接口。 3. 能正确进入解码仪诊断系统。 4. 能正确选择发动机控制单元。 5. 能正确读取启动控制信号。 6. 能正确判断启动控制信号工作状态。 7. 能够养成 6S 规范作业习惯。 8. 能够培养团队意识、工匠精神、职业精神。
参考资料	《汽车启动系统检修》配套教材。

学习情境二 检测启动控制电路

2. 检测启动控制电路的计划单

学习场	检测启动与充电系统		
学习情境二	检测启动控制电路		
学时	0.2 学时		
典型工作过程描述	验证汽车启动状态—检测启动熔断器—检测继电器供电电压—检测启动控制电路—填写检测报告		
计划制订的方式	小组讨论。		
序 号	工 作 步 骤	注 意 事 项	
1	查阅标准值。	页码、章节、型号。	
2	连接解码仪诊断接口。	插接头的选择及安装位置。	
3	进入解码仪诊断系统。	车辆信息。	
4	选择发动机控制单元。	数据读取模块。	
5	读取启动控制信号。	菜单选择、数值读取条件。	
6	判断启动控制信号工作状态。	单位。	
计划评价	班级		第 组	组长签字	
	教师签字		日期		
	评语:				

3. 检测启动控制电路的决策单

学习场	检测启动与充电系统				
学习情境二	检测启动控制电路				
学时	0.2 学时				
典型工作过程描述	验证汽车启动状态—检测启动熔断器—检测继电器供电电压—检测启动控制电路—填写检测报告				
	计 划 对 比				
序 号	计划的可行性	计划的经济性	计划的可操作性	计划的实施难度	综 合 评 价
1					
2					
3					
4					
决策评价	班级		第 组	组长签字	
	教师签字		日期		
	评语:				

4. 检测启动控制电路的实施单

学习场	检测启动与充电系统	
学习情境二	检测启动控制电路	
学时	0.2 学时	
典型工作过程描述	验证汽车启动状态—检测启动熔断器—检测继电器供电电压—**检测启动控制电路**—填写检测报告	
序 号	实 施 步 骤	注 意 事 项
1	查阅标准值。	页码、章节、型号。
2	连接解码仪诊断接口。	插接头的选择及安装位置。
3	进入解码仪诊断系统。	车辆信息。
4	选择发动机控制单元。	数据读取模块。
5	读取启动控制信号。	菜单选择、数值读取条件。
6	判断启动控制信号工作状态。	单位。
实施说明：		

实施评价	班级		第 组		组长签字	
	教师签字		日期			
	评语：					

5. 检测启动控制电路的检查单

学习场	检测启动与充电系统			
学习情境二	检测启动控制电路			
学时	0.2 学时			
典型工作过程描述	验证汽车启动状态—检测启动熔断器—检测继电器供电电压—**检测启动控制电路**—填写检测报告			
序 号	检 查 项 目	检 查 标 准	学 生 自 查	教 师 检 查
1	查阅标准值	页码、章节、型号是否选择正确		
2	连接解码仪诊断接口	安装位置是否正确		
3	进入解码仪诊断系统	车辆信息是否正确		
4	选择发动机控制单元	数据模块选择是否正确		
5	读取启动控制信号	单位、菜单选择是否正确		
6	判断启动控制信号工作状态	数据的读取时刻、单位是否正确		

检查评价	班级		第 组		组长签字	
	教师签字		日期			
	评语：					

6. 检测启动控制电路的评价单

学习场	检测启动与充电系统			
学习情境二	检测启动控制电路			
学时	0.2 学时			
典型工作过程描述	验证汽车启动状态—检测启动熔断器—检测继电器供电电压—**检测启动控制电路**—填写检测报告			
评价项目	评价子项目	学生自评	组内评价	教师评价
作业流程完整性	作业流程是否完整			
作业流程规范性	作业流程是否规范			
评价的评价	班级		第　　组	组长签字
	教师签字		日期	
	评语：			

任务五　填写检测报告

1. 填写检测报告的资讯单

学习场	检测启动与充电系统
学习情境二	检测启动控制电路
学时	0.2 学时
典型工作过程描述	验证汽车启动状态—检测启动熔断器—检测继电器供电电压—检测启动控制电路—**填写检测报告**
搜集资讯的方式	线下图书与线上资源相结合。
资讯描述	1. 学会对比分析检测数据。 2. 提出正确的维修建议。
对学生的要求	1. 正确分析检测数据。 2. 提出正确的维修建议。 3. 能够养成 6S 规范作业习惯。
参考资料	《汽车启动系统检修》配套教材。

2. 填写检测报告的计划单

学习场	检测启动与充电系统
学习情境二	检测启动控制电路
学时	0.2 学时
典型工作过程描述	验证汽车启动状态—检测启动熔断器—检测继电器供电电压—检测启动控制电路—**填写检测报告**
计划制订的方式	小组讨论。

序　号	工　作　步　骤	注　意　事　项
1	对比分析测量数据。	分析正确、全面、透彻。
2	提出正确的维修建议。	建议简单明了。
计划评价	班级　　　　　　　　　　　第　组　　　组长签字	
	教师签字　　　　　　　　　　　日期	
	评语：	

3. 填写检测报告的决策单

学习场	检测启动与充电系统				
学习情境二	检测启动控制电路				
学时	0.2 学时				
典型工作过程描述	验证汽车启动状态—检测启动熔断器—检测继电器供电电压—检测启动控制电路—填写检测报告				
计　划　对　比					
序　号	计划的可行性	计划的经济性	计划的可操作性	计划的实施难度	综　合　评　价
1					
2					
3					
4					
决策评价	班级　　　　　　　　　　第　组　　　组长签字				
	教师签字　　　　　　　　　日期				
	评语：				

4. 填写检测报告的实施单

学习场	检测启动与充电系统	
学习情境二	检测启动控制电路	
学时	0.2 学时	
典型工作过程描述	验证汽车启动状态—检测启动熔断器—检测继电器供电电压—检测启动控制电路—填写检测报告	
序　号	实　施　步　骤	注　意　事　项
1	对比分析检测数据。	分析正确、全面、透彻。
2	提出正确的维修建议。	建议简单明了。
实施说明：		

	班级		第 组	组长签字	
实施评价	教师签字		日期		
	评语:				

5. 填写检测报告的检查单

学习场	检测启动与充电系统
学习情境二	检测启动控制电路
学时	0.2 学时
典型工作过程描述	验证汽车启动状态—检测启动熔断器—检测继电器供电电压—检测启动控制电路—填写检测报告

序 号	检查项目	检查标准	学生自查	教师检查
1	对比分析检测数据	数据分析是否正确、全面、透彻		
2	提出正确的维修建议	维修建议是否合理		
检查评价	班级		第 组	组长签字	
	教师签字		日期		
	评语:				

6. 填写检测报告的评价单

学习场	检测启动与充电系统
学习情境二	检测启动控制电路
学时	0.2 学时
典型工作过程描述	验证汽车启动状态—检测启动熔断器—检测继电器供电电压—检测启动控制电路—填写检测报告

评价项目	评价子项目	学生自评	组内评价	教师评价
对比分析测量数据	检测数据分析是否全面、透彻			
提出正确的维修建议	维修建议是否合理			
评价的评价	班级		第 组	组长签字	
	教师签字		日期		
	评语:				

学习情境三 检测汽车发电机电路

任务一 检测汽车发电机电路的准备工作

1. 检测汽车发电机电路准备工作的资讯单

学习场	检修启动与充电系统
学习情境三	检测汽车发电机电路
学时	0.1 学时
典型工作过程描述	准备工作—安装安全防护用具—检查发动机运行前的状况—检测发电机电路—填写检测报告
搜集资讯的方式	线下图书与线上资源相结合.
资讯描述	1. 汽车发电机的组成。 2. 汽车发电机的工作原理。 3. 万用表和示波器的使用方法。
对学生的要求	1. 掌握汽车发电机组成的知识。 2. 掌握汽车发电机的工作原理。 3. 掌握万用表和示波器的使用方法。 4. 准备工具与设备。 5. 能够养成 6S 规范作业习惯。 6. 能够培养团队意识、工匠精神、职业精神。
参考资料	《汽车电器系统检修》配套教材。

2. 检测汽车发电机电路准备工作的计划单

学习场	检修启动和充电系统	
学习情境三	检测汽车发电机电路	
学时	0.1 学时	
典型工作过程描述	准备工作—安装安全防护用具—检查发动机运行前的状况—检测发电机电路—填写检测报告	
计划制订的方式	小组讨论。	
序　号	工 作 步 骤	注 意 事 项
1	汽车发电机的组成。	描述清楚。
2	汽车发电机的工作原理。	描述清楚。
3	万用表和示波器的使用方法。	参数单位、菜单的选择。
4	准备工具与设备。	型号选择正确。

计划评价	班级		第 组	组长签字	
	教师签字		日期		
	评语:				

3. 检测发电机电路准备工作的决策单

学习场	检修启动和充电系统
学习情境三	检测汽车发电机电路
学时	0.1 学时
典型工作过程描述	准备工作—安装安全防护用具—检查发动机运行前的状况—检测发电机电路—填写检测报告

计 划 对 比					
序 号	计划的可行性	计划的经济性	计划的可操作性	计划的实施难度	综 合 评 价
1					
2					
3					
4					
决策评价	班级		第 组	组长签字	
	教师签字		日期		
	评语:				

4. 检测发电机电路准备工作的实施单

学习场	检修启动和充电系统
学习情境三	检测汽车发电机电路
学时	0.1 学时
典型工作过程描述	准备工作—安装安全防护用具—检查发动机运行前的状况—检测发电机电路—填写检测报告

序 号	实 施 步 骤	注 意 事 项
1	汽车发电机的组成。 记录:	描述清楚。
2	汽车发电机工作原理。 记录:	描述清楚、完整。

3	万用表和示波器的使用方法。 记录：	注意参数单位和仪器菜单、挡位的选择。
4	准备工具与设备。 记录：	型号选择正确。

实施说明：

实施评价	班级		第 组		组长签字	
	教师签字		日期			
	评语：					

5. 检测发电机电路准备工作的检查单

学习场	检修启动和充电系统
学习情境三	检测汽车发电机电路
学时	0.1 学时
典型工作过程描述	准备工作—安装安全防护用具—检查发动机运行前的状况—检测发电机电路—填写检测报告

序 号	检 查 项 目	检 查 标 准	学 生 自 查	教 师 检 查
1	汽车发电机的组成	是否描述清楚		
2	汽车发电机的工作原理	是否描述清楚		
3	万用表与示波器的使用方法	参数单位、菜单的选择是否正确		
4	准备工具与设备	型号选择是否正确		

检查评价	班级		第 组		组长签字	
	教师签字		日期			
	评语：					

学习情境三 检测汽车发电机电路

6. 检测发电机电路准备工作的评价单

学习场	检修启动和充电系统			
学习情境三	检测汽车发电机电路			
学时	0.1 学时			
典型工作过程描述	准备工作—安装安全防护用具—检查发动机运行前的状况—检测发电机电路—填写检测报告			
评价项目	评价子项目	学生自评	组内评价	教师评价
汽车发电机的组成	描述清楚			
汽车发电机的工作原理	描述清楚			
万用表和示波器的使用方法	参数单位、菜单的选择是否正确			
准备工具与设备	型号选择是否正确			
评价的评价	班级		第 组	组长签字
	教师签字		日期	
	评语：			

任务二 安装安全防护用具

1. 安装安全防护用具的资讯单

学习场	检修启动和充电系统
学习情境三	检测汽车发电机电路
学时	0.1 学时
典型工作过程描述	准备工作—**安装安全防护用具**—检查发动机运行前的状况—检测发电机电路—填写检测报告
搜集资讯的方式	线下图书与线上资源相结合。
资讯描述	1. 了解安全防护用具有哪些。 2. 学会正确安装安全防护用具。
对学生的要求	1. 能正确安装翼子板布、前格栅布。 2. 能正确安装室内四件套。 3. 能正确安装车轮挡块。 4. 能正确安装尾气排放管。 5. 能够养成 6S 规范作业习惯。 6. 能够培养团队意识、工匠精神、职业精神。
参考资料	《汽车电器系统检修》配套教材。

2. 安装安全防护用具的计划单

学习场	检修启动和充电系统	
学习情境三	检测汽车发电机电路	
学时	0.1 学时	
典型工作过程描述	准备工作—**安装安全防护用具**—检查发动机运行前的状况—检测发电机电路—填写检测报告	
计划制订的方式	小组讨论。	
序 号	工 作 步 骤	注 意 事 项
1	安装翼子板布、前格栅布。	方向、位置。
2	安装室内四件套。	安装是否正确。
3	安装车轮挡块。	位置。
4	安装尾气排放管。	安装牢靠。
计划评价	班级 / 第 组 / 组长签字 教师签字 / 日期 评语:	

3. 安装安全防护用具的决策单

学习场	检修启动和充电系统				
学习情境三	检测汽车发电机电路				
学时	0.1 学时				
典型工作过程描述	准备工作—**安装安全防护用具**—检查发动机运行前的状况—检测发电机电路—填写检测报告				
	计 划 对 比				
序 号	计划的可行性	计划的经济性	计划的可操作性	计划的实施难度	综 合 评 价
1					
2					
3					
4					
决策评价	班级 / 第 组 / 组长签字 教师签字 / 日期 评语:				

4. 安装安全防护用具的实施单

学习场	检修启动和充电系统
学习情境三	检测汽车发电机电路
学时	0.1 学时
典型工作过程描述	准备工作—**安装安全防护用具**—检查发动机运行前的状况—检测发电机电路—填写检测报告

序　号	实　施　步　骤	注　意　事　项
1	安装翼子板布、前格栅布。 记录：	方向、位置。
2	安装室内四件套。 记录：	安装是否正确。
3	安装车轮挡块。 记录：	位置。
4	安装尾气排放管。 记录：	安装是否牢靠。
实施说明：		
实施评价	班级　　　　　　　　　第　　组　　组长签字 教师签字　　　　　　　日期 评语：	

5. 安装安全防护用具的检查单

学习场	检修启动和充电系统
学习情境三	检测汽车发电机电路
学时	0.1 学时
典型工作过程描述	准备工作—**安装安全防护用具**—检查发动机运行前的状况—检测发电机电路—填写检测报告

序 号	检 查 项 目	检 查 标 准	学 生 自 查	教 师 检 查
1	安装翼子板布、前格栅布	安装是否正确		
2	安装室内四件套	安装是否正确		
3	安装车轮挡块	安装是否正确		
4	安装尾气排放管	安装是否牢靠		
检查评价	班级		第 组	组长签字	
	教师签字		日期		
	评语:				

6. 安装安全防护用具的评价单

学习场	检修启动和充电系统			
学习情境三	检测汽车发电机电路			
学时	0.1 学时			
典型工作过程描述	准备工作—安装安全防护用具—检查发动机运行前的状况—检测发电机电路—填写检测报告			
评价项目	评价子项目	学 生 自 评	组 内 评 价	教 师 评 价
作业流程完整性	作业流程是否完整			
作业流程规范性	作业流程是否规范			
6S 管理	是否做到 6S 管理			
评价的评价	班级		第 组	组长签字	
	教师签字		日期		
	评语:				

任务三　检查发动机运行前的状况

1. 检查发动机运行前的状况的资讯单

学习场	检修启动和充电系统
学习情境三	检测汽车发电机电路
学时	0.2 学时
典型工作过程描述	准备工作—安装安全防护用具—**检查发动机运行前的状况**—检测发电机电路—填写检测报告
搜集资讯的方式	线下图书与线上资源相结合。

资讯描述	1. 学会查阅标准值。 2. 学会正确检查机油液位。 3. 学会正确检查防冻液液位。 4. 学会正确检测蓄电池电压。
对学生的要求	1. 能正确查阅标准值。 2. 能正确检查机油液位。 3. 能正确检查防冻液液位。 4. 能正确检测蓄电池电压。 5. 能够养成6S规范作业习惯。 6. 能够培养团队意识、工匠精神、职业精神。
参考资料	《汽车电器系统检修》配套教材。

2. 检查发动机运行前的状况的计划单

学习场	检修启动和充电系统			
学习情境三	检测汽车发电机电路			
学时	0.2学时			
典型工作过程描述	准备工作—安装安全防护用具—**检查发动机运行前的状况**—检测发电机电路—填写检测报告			
计划制订的方式	小组讨论。			
序 号	工 作 步 骤		注 意 事 项	
1	查阅标准值。		章节、页码、型号。	
2	检查机油液位。		检查方法。	
3	检查防冻液液位。		检查方法。	
4	检测蓄电池电压。		检查方法、单位。	
计划评价	班级		第　　组	组长签字
	教师签字		日期	
	评语：			

3. 检查发动机运行前的状况的决策单

学习场	检修启动和充电系统
学习情境三	检测汽车发电机电路
学时	0.2学时
典型工作过程描述	准备工作—安装安全防护用具—**检查发动机运行前的状况**—检测发电机电路—填写检测报告

计 划 对 比					
序 号	计划的可行性	计划的经济性	计划的可操作性	计划的实施难度	综合评价
1					
2					
3					
4					
决策评价	班级		第 组	组长签字	
	教师签字		日期		
	评语:				

4. 检查发动机运行前的状况的实施单

学习场	检修启动和充电系统	
学习情境三	检测汽车发电机电路	
学时	0.2 学时	
典型工作过程描述	准备工作—安装安全防护用具—**检查发动机运行前的状况**—检测发电机电路—填写检测报告	
序 号	实 施 步 骤	注 意 事 项
1	查阅标准值。 记录:	章节、页码、型号选择正确。
2	检查机油液位。 记录:	检查方法。
3	检查防冻液液位。 记录:	检查方法。
4	检测蓄电池电压。 记录:	检查方法、单位。
实施说明:		
实施评价	班级		第 组	组长签字	
	教师签字		日期		
	评语:				

学习情境三　检测汽车发电机电路

5. 检查发动机运行前的状况的检查单

学习场	检修启动和充电系统			
学习情境三	检测汽车发电机电路			
学时	0.2 学时			
典型工作过程描述	准备工作—安装安全防护用具—**检查发动机运行前的状况**—检测发电机电路—填写检测报告			
序　号	检 查 项 目	检 查 标 准	学 生 自 查	教 师 检 查
1	查阅标准值	章节、页码、型号是否选择正确		
2	检查机油液位	检查方法是否正确		
3	检查防冻液液位	检查方法是否正确		
4	检测蓄电池电压	检查方法、单位是否正确		
检查评价	班级		第　　组	组长签字
	教师签字		日期	
	评语：			

6. 评价检查发动机运行前的状况的评价单

学习场	检修启动和充电系统			
学习情境三	检测汽车发电机电路			
学时	0.2 学时			
典型工作过程描述	准备工作—安装安全防护用具—**检查发动机运行前的状况**—检测发电机电路—填写检测报告			
评价项目	评价子项目	学 生 自 评	组 内 评 价	教 师 评 价
作业流程完整性	作业流程是否完整			
作业流程规范性	作业流程是否规范			
评价的评价	班级		第　　组	组长签字
	教师签字		日期	
	评语：			

任务四　检测发电机电路

1. 检测发电机电路的资讯单

学习场	检修启动和充电系统
学习情境三	检测汽车发电机电路
学时	0.2 学时
典型工作过程描述	准备工作—安装安全防护用具—检查发动机运行前的状况—**检测发电机电路**—填写检测报告
搜集资讯的方式	线下图书与线上资源相结合。
资讯描述	1. 学会查阅维修手册。 2. 学会记录标准值。 3. 学会正确自检万用表、示波器。 4. 学会正确使用万用表、示波器。 5. 学会设置仪器参数。 6. 学会使用示波器检测发电机的输出电压波形。 7. 学会记录测量值。
对学生的要求	1. 能正确掌握汽车发电机的组成。 2. 能正确掌握汽车发电机的工作原理。 3. 能正确掌握万用表和示波器的使用方法。 4. 能够正确使用万用表和示波器。 5. 能够正确分析测量数据。 6. 能够提出正确的维修建议。 7. 能够养成 6S 规范作业习惯。 8. 能够培养团队意识、工匠精神、职业精神。
参考资料	《汽车电器系统检修》配套教材。

2. 检测发电机电路的计划单

学习场	检修启动和充电系统	
学习情境三	检测汽车发电机电路	
学时	0.2 学时	
典型工作过程描述	准备工作—安装安全防护用具—检查发动机运行前的状况—**检测发电机电路**—填写检测报告	
计划制订的方式	小组讨论。	
序　号	工　作　步　骤	注　意　事　项
1	查阅标准值。	页码、章节、型号。
2	正确自检万用表和示波器。	自检的方法。
3	正确使用万用表和示波器。	挡位的选择。
4	正确查找发电机 B、F 引脚。	发电机 B、F 引脚。
5	用示波器检测发电机的输出电压波形。	波形的记录。
6	使用示波器检测汽车发电机电路值。	数据的读取时刻、单位。

学习情境三 检测汽车发电机电路

计划评价	班级		第 组	组长签字	
	教师签字		日期		
	评语：				

3. 检测发电机电路的决策单

学习场	检修启动和充电系统
学习情境三	检测汽车发电机电路
学时	0.2 学时
典型工作过程描述	准备工作—安装安全防护用具—检查发动机运行前的状况—**检测发电机电路**—填写检测报告

计 划 对 比					
序 号	计划的可行性	计划的经济性	计划的可操作性	计划的实施难度	综 合 评 价
1					
2					
3					
4					

决策评价	班级		第 组	组长签字	
	教师签字		日期		
	评语：				

4. 检测发电机电路的实施单

学习场	检修启动和充电系统
学习情境三	检测汽车发电机电路
学时	0.2 学时
典型工作过程描述	准备工作—安装安全防护用具—检查发动机运行前的状况—**检测发电机电路**—填写检测报告

序 号	实施步骤	注意事项
1	查阅标准值。 记录：	页码、章节、型号选择正确。

2	正确自检万用表和示波器。 记录：	自检的方法。
3	正确使用万用表和示波器。 记录：	挡位的选择。
4	正确查找发电机 B、F 引脚。 记录：	发电机 B、F 引脚。
5	用示波器检测发电机的输出电压波形。 记录：	波形的记录。
6	使用示波器检测汽车发电机电路值。 记录：	数据的读取时刻、单位。

实施说明：

实施评价	班级		第　组		组长签字	
	教师签字			日期		
	评语：					

5. 检测发电机电路的检查单

学习场	检修启动和充电系统
学习情境三	检测汽车发电机电路
学时	0.2 学时
典型工作过程描述	准备工作—安装安全防护用具—检查发动机运行前的状况—**检测发电机电路**—填写检测报告

学习情境三　检测汽车发电机电路

序　号	检 查 项 目	检 查 标 准	学 生 自 查	教 师 检 查
1	查阅标准值	页码、章节、型号是否选择正确		
2	正确自检万用表和示波器	悬挂的位置是否正确		
3	正确使用万用表和示波器	传感器安装位置是否正确		
4	正确查找发电机 B、F 引脚	传感器安装位置、序号是否正确		
5	用示波器检测发电机的输出电压波形	单位、菜单选择是否正确		
6	使用示波器检测汽车发电机电路值	检测位置是否正确		
检查评价	班级		第　　组	组长签字	
	教师签字		日期		
	评语：				

6. 检测发电机电路的评价单

学习场	检修启动和充电系统			
学习情境三	检测汽车发电机电路			
学时	0.2 学时			
典型工作过程描述	准备工作—安装安全防护用具—检查发动机运行前的状况—**检测发电机电路**—填写检测报告			
评价项目	评价子项目	学生自评	组内评价	教师评价
作业流程完整性	作业流程是否完整			
作业流程规范性	作业流程是否规范			
信息记录准确性	信息记录是否完整、准确			
6S 管理	是否做到 6S 管理			
评价的评价	班级		第　　组	组长签字	
	教师签字		日期		
	评语：				

任务五 填写检测报告

1. 填写检测报告的资讯单

学习场	检修启动和充电系统
学习情境三	检测汽车发电机电路
学时	0.2 学时
典型工作过程描述	准备工作—安装安全防护用具—检查发动机运行前的状况—检测发电机电路—**填写检测报告**
搜集资讯的方式	线下图书与线上资源相结合。
资讯描述	1. 学会对比分析测量数据。 2. 提出正确的维修建议。
对学生的要求	1. 正确分析测量数据。 2. 提出正确的维修建议。 3. 能够养成 6S 规范作业习惯。
参考资料	《汽车电器系统检修》配套教材。

2. 填写检测报告的计划单

学习场	检修启动和充电系统		
学习情境三	检测汽车发电机电路		
学时	0.2 学时		
典型工作过程描述	准备工作—安装安全防护用具—检查发动机运行前的状况—检测发电机电路—**填写检测报告**		
计划制订的方式	小组讨论。		
序 号	工 作 步 骤	注 意 事 项	
1	对比分析测量数据。	分析正确、全面、透彻。	
2	提出正确的维修建议。	建议简单明了。	
计划评价	班级　　　　　　第　组　　组长签字 教师签字　　　　　日期 评语：		

学习情境三 检测汽车发电机电路

3. 填写检测报告的决策单

学习场	检修启动和充电系统				
学习情境三	检测汽车发电机电路				
学时	0.2学时				
典型工作过程描述	准备工作—安装安全防护用具—检查发动机运行前的状况—检测发电机电路—填写检测报告				
	计 划 对 比				
序 号	计划的可行性	计划的经济性	计划的可操作性	计划的实施难度	综合评价
1					
2					
3					
4					
决策评价	班级		第 组	组长签字	
	教师签字		日期		
	评语:				

4. 填写检测报告的实施单

学习场	检修启动和充电系统	
学习情境三	检测汽车发电机电路	
学时	0.2学时	
典型工作过程描述	准备工作—安装安全防护用具—检查发动机运行前的状况—检测发电机电路—填写检测报告	
序 号	实施步骤	注意事项
1	对比分析测量数据。 记录:	分析正确、全面、透彻。
2	提出正确的维修建议。 记录:	建议简单明了。
实施说明:		
实施评价	班级	第 组	组长签字
	教师签字	日期	
	评语:		

47

5. 填写检测报告的检查单

学习场	检修启动和充电系统				
学习情境三	检测汽车发电机电路				
学时	0.2 学时				
典型工作过程描述	准备工作—安装安全防护用具—检查发动机运行前的状况—检测发电机电路—填写检测报告				
序　号	检 查 项 目		检 查 标 准	学 生 自 查	教 师 检 查
1	对比分析测量数据		数据分析是否正确、全面、透彻		
2	提出正确的维修建议		维修建议是否合理		
检查评价	班级		第　组	组长签字	
	教师签字		日期		
	评语：				

6. 填写检测报告的评价单

学习场	检修启动和充电系统				
学习情境三	检测汽车发电机电路				
学时	0.2 学时				
典型工作过程描述	准备工作—安装安全防护用具—检查发动机运行前的状况—检测发电机电路—填写检测报告				
评 价 项 目	评价子项目		学 生 自 评	组 内 评 价	教 师 评 价
对比分析测量数据	测量数据分析是否全面、透彻				
提出正确的维修建议	维修建议是否合理				
评价的评价	班级		第　组	组长签字	
	教师签字		日期		
	评语：				

学习情境四　检修启动与充电性能

任务一　检修启动与充电性能的准备工作

1. 检修启动与充电性能准备工作的资讯单

学习场	检修启动和充电系统
学习情境四	检修启动与充电性能
学时	0.1 学时
典型工作过程描述	准备工作—安装安全防护用具—检查发动机运行前的状况—检测启动与充电性能—填写检测报告
搜集资讯的方式	1. 搜集启动与充电系统相关资料。 2. 搜集启动与充电系统电路工作原理的相关资料。
资讯描述	1. 启动与充电系统的组成及作用。 2. 启动与充电系统电路工作原理。 3. 检测仪器的使用方法。
对学生的要求	1. 掌握启动与充电系统组成及作用的知识。 2. 掌握启动与充电系统控制电路组成、工作原理。 3. 掌握检测仪器的使用方法。 4. 准备工具与设备。 5. 能够养成 6S 规范作业习惯。 6. 能够培养团队意识、工匠精神、职业精神。
参考资料	《汽车电器系统检修》配套教材。

2. 检修启动与充电性能准备工作的计划单

学习场	检修启动和充电系统	
学习情境四	检修启动与充电性能	
学时	0.1 学时	
典型工作过程描述	准备工作—安装安全防护用具—检查发动机运行前的状况—检测启动与充电性能—填写检测报告	
计划制订的方式	小组讨论。	
序　号	工　作　步　骤	注　意　事　项
1	学习启动与充电系统的组成。	描述清楚。
2	学习启动与充电系统工作原理。	描述清楚、完整。
3	学习诊断仪、电流钳的使用方法。	参数单位和仪器菜单、挡位的选择。
4	准备工具与设备。	型号选择正确。

计划评价	班级		第 组	组长签字	
	教师签字		日期		
	评语:				

3. 检修启动与充电性能准备工作的决策单

学习场	检修启动和充电系统				
学习情境四	检修启动与充电性能				
学时	0.1学时				
典型工作过程描述	准备工作—安装安全防护用具—检查发动机运行前的状况—检测启动与充电性能—填写检测报告				
计 划 对 比					
序 号	计划的可行性	计划的经济性	计划的可操作性	计划的实施难度	综合评价
1					
2					
3					
4					
决策评价	班级		第 组	组长签字	
	教师签字		日期		
	评语:				

4. 检修启动与充电性能准备工作的实施单

学习场	检修启动和充电系统
学习情境四	检修启动与充电性能
学时	0.1学时
典型工作过程描述	准备工作—安装安全防护用具—检查发动机运行前的状况—检测启动与充电性能—填写检测报告

序 号	实 施 步 骤	注 意 事 项
1	启动与充电系统的组成。 记录:	描述清楚。
2	启动与充电系统工作原理。 记录:	描述清楚、完整。

3	诊断仪、电流钳的使用方法。 记录：	注意参数单位和仪器菜单、挡位的选择。
4	准备工具与设备。 记录：	型号选择正确。

实施说明：

实施评价	班级		第 组	组长签字	
	教师签字		日期		
	评语：				

5. 检修启动与充电性能准备工作的检查单

学习场	检修启动和充电系统			
学习情境四	检修启动与充电性能			
学时	0.1 学时			
典型工作过程描述	准备工作—安装安全防护用具—检查发动机运行前的状况—检测启动与充电性能—填写检测报告			
序 号	检 查 项 目	检 查 标 准	学生自查	教师检查
1	启动与充电系统的组成	是否描述清楚		
2	启动与充电系统工作原理	是否描述清楚、完整		
3	诊断仪、电流钳的使用方法	参数单位、菜单的选择是否正确		
4	准备工具与设备	型号选择是否正确		
检查评价	班级		第 组	组长签字	
	教师签字		日期		
	评语：				

6. 检修启动与充电性能准备工作的评价单

学习场	检修启动和充电系统				
学习情境四	检修启动与充电性能				
学时	0.1 学时				
典型工作过程描述	准备工作—安装安全防护用具—检查发动机运行前的状况—检测启动与充电性能—填写检测报告				
评价项目	评价子项目	学生自评	组内评价	教师评价	
启动与充电系统的组成	描述清楚				
启动与充电系统工作原理	描述清楚、完整				
诊断仪、电流钳的使用方法	参数单位和仪器菜单、挡位的选择正确				
准备工具与设备	型号选择正确				
评价的评价	班级		第 组	组长签字	
	教师签字		日期		
	评语:				

任务二　安装安全防护用具

1. 安装安全防护用具的资讯单

学习场	检修启动和充电系统
学习情境四	检修启动与充电性能
学时	0.1 学时
典型工作过程描述	准备工作—**安装安全防护用具**—检查发动机运行前的状况—检测启动与充电性能—填写检测报告
搜集资讯的方式	线下图书与线上资源相结合。
资讯描述	1. 了解安全防护用具有哪些。 2. 学会正确安装安全防护用具。
对学生的要求	1. 能正确安装翼子板布、前格栅布。 2. 能正确安装室内四件套。 3. 能正确安装车轮挡块。 4. 能正确安装尾气排放管。 5. 能够养成 6S 规范作业习惯。 6. 能够培养团队意识、工匠精神、职业精神。
参考资料	《汽车电器系统检修》配套教材。

2. 安装安全防护用具的计划单

学习场	检修启动和充电系统			
学习情境四	检修启动与充电性能			
学时	0.1 学时			
典型工作过程描述	准备工作—**安装安全防护用具**—检查发动机运行前的状况—检测启动与充电性能—填写检测报告			
计划制订的方式	小组讨论。			
序 号	工 作 步 骤		注 意 事 项	
1	安装翼子板布、前格栅布。		方向、位置。	
2	安装室内四件套。		安装是否正确。	
3	安装车轮挡块。		位置。	
4	安装尾气排放管。		安装牢靠。	
计划评价	班级		第 组	组长签字
	教师签字		日期	
	评语:			

3. 安装安全防护用具的决策单

学习场	检修启动和充电系统				
学习情境四	检修启动与充电性能				
学时	0.1 学时				
典型工作过程描述	准备工作—**安装安全防护用具**—检查发动机运行前的状况—检测启动与充电性能—填写检测报告				
	计 划 对 比				
序 号	计划的可行性	计划的经济性	计划的可操作性	计划的实施难度	综合评价
1					
2					
3					
4					
决策评价	班级		第 组	组长签字	
	教师签字		日期		
	评语:				

4. 安装安全防护用具的实施单

学习场	检修启动和充电系统
学习情境四	检修启动与充电性能
学时	0.1 学时
典型工作过程描述	准备工作—**安装安全防护用具**—检查发动机运行前的状况—检测启动与充电性能—填写检测报告

序 号	实 施 步 骤	注 意 事 项
1	安装翼子板布、前格栅布。 记录：	方向、位置。
2	安装室内四件套。 记录：	安装是否正确。
3	安装车轮挡块。 记录：	位置。
4	安装尾气排放管。 记录：	安装是否牢靠。

实施说明：					
实施评价	班级		第 组	组长签字	
	教师签字		日期		
	评语：				

5. 安装安全防护用具的检查单

学习场	检修启动和充电系统
学习情境四	检修启动与充电性能
学时	0.1 学时
典型工作过程描述	准备工作—安装安全防护用具—检查发动机运行前的状况—检测启动与充电性能—填写检测报告

学习情境四 检修启动与充电性能

序号	检查项目	检查标准	学生自查	教师检查
1	安装翼子板布、前格栅布	安装是否正确		
2	安装室内四件套	安装是否正确		
3	安装车轮挡块	安装是否正确		
4	安装尾气排放管	安装是否牢靠		
检查评价	班级		第 组	组长签字	
	教师签字		日期		
	评语:				

6. 安装安全防护用具的评价单

学习场	检修启动和充电系统		
学习情境四	检修启动与充电性能		
学时	0.1 学时		
典型工作过程描述	准备工作—**安装安全防护用具**—检查发动机运行前的状况—检测启动与充电性能—填写检测报告		
评价项目	评价子项目	学生自评	组内评价	教师评价
作业流程完整性	作业流程是否完整			
作业流程规范性	作业流程是否规范			
6S 管理	是否做到 6S 管理			
评价的评价	班级		第 组	组长签字	
	教师签字		日期		
	评语:				

任务三 检查发动机运行前的状况

1. 检查发动机运行前的状况的资讯单

学习场	检修启动和充电系统
学习情境四	检修启动与充电性能
学时	0.2 学时
典型工作过程描述	准备工作—安装安全防护用具—**检查发动机运行前的状况**—检测启动与充电性能—填写检测报告
搜集资讯的方式	线下图书与线上资源相结合。
资讯描述	1. 学会查阅标准值。 2. 学会正确检查机油液位。 3. 学会正确检查防冻液液位。 4. 学会正确检测蓄电池电压。

55

对学生的要求	1. 能正确查阅标准值。 2. 能正确检查机油液位。 3. 能正确检查防冻液液位。 4. 能正确检测蓄电池电压。 5. 能够养成 6S 规范作业习惯。 6. 能够培养团队意识、工匠精神、职业精神。
参考资料	《汽车电器系统检修》配套教材。

2. 检查发动机运行前的状况的计划单

学习场	检修启动和充电系统			
学习情境四	检修启动与充电性能			
学时	0.2 学时			
典型工作过程描述	准备工作—安装安全防护用具—**检查发动机运行前的状况**—检测启动与充电性能—填写检测报告			
计划制订的方式	小组讨论。			
序 号	工 作 步 骤		注 意 事 项	
1	查阅标准值。		章节、页码、型号。	
2	检查机油液位。		检查方法。	
3	检查防冻液液位。		检查方法。	
4	检测蓄电池电压。		检查方法、单位。	
计划评价	班级		第 组	组长签字
	教师签字		日期	
	评语:			

3. 检查发动机运行前的状况的决策单

学习场	检修启动和充电系统				
学习情境四	检修启动与充电性能				
学时	0.2 学时				
典型工作过程描述	准备工作—安装安全防护用具—**检查发动机运行前的状况**—检测启动与充电性能—填写检测报告				
计 划 对 比					
序 号	计划的可行性	计划的经济性	计划的可操作性	计划的实施难度	综合评价
1					
2					
3					
4					

学习情境四 检修启动与充电性能

	班级		第 组	组长签字	
决策评价	教师签字		日期		
	评语:				

4. 检查发动机运行前的状况的实施单

学习场	检修启动和充电系统
学习情境四	检修启动与充电性能
学时	0.2 学时
典型工作过程描述	准备工作—安装安全防护用具—**检查发动机运行前的状况**—检测启动与充电性能—填写检测报告

序 号	实 施 步 骤	注 意 事 项
1	查阅标准值。 记录:	章节、页码、型号选择正确。
2	检查机油液位。 记录:	检查方法。
3	检查防冻液液位。 记录:	检查方法。
4	检测蓄电池电压。 记录:	检查方法、单位。

实施说明:					
	班级		第 组	组长签字	
实施评价	教师签字		日期		
	评语:				

5. 检查发动机运行前的状况的检查单

学习场	检修启动和充电系统			
学习情境四	检修启动与充电性能			
学时	0.2学时			
典型工作过程描述	准备工作—安装安全防护用具—**检查发动机运行前的状况**—检测启动与充电性能—填写检测报告			
序 号	检 查 项 目	检 查 标 准	学 生 自 查	教 师 检 查
1	查阅标准值	章节、页码、型号是否选择正确		
2	检查机油液位	检查方法是否正确		
3	检查防冻液液位	检查方法是否正确		
4	检测蓄电池电压	检查方法、单位是否正确		
检查评价	班级		第 组	组长签字
	教师签字		日期	
	评语:			

6. 检查发动机运行前的状况的评价单

学习场	检修启动和充电系统			
学习情境四	检修启动与充电性能			
学时	0.2学时			
典型工作过程描述	准备工作—安装安全防护用具—**检查发动机运行前的状况**—检测启动与充电性能—填写检测报告			
评 价 项 目	评价子项目	学 生 自 评	组 内 评 价	教 师 评 价
作业流程完整性	作业流程是否完整			
作业流程规范性	作业流程是否规范			
评价的评价	班级		第 组	组长签字
	教师签字		日期	
	评语:			

任务四　检测启动与充电性能

1. 检测启动与充电性能的资讯单

学习场	检修启动和充电系统
学习情境四	检修启动与充电性能
学时	0.2 学时
典型工作过程描述	准备工作—安装安全防护用具—检查发动机运行前的状况—检测启动与充电性能—填写检测报告
搜集资讯的方式	线下图书与线上资源相结合。
资讯描述	1. 学会查阅维修手册。 2. 学会记录标准值。 3. 学会正确连接诊断仪。 4. 学会连接电流钳。 5. 学会设置仪器参数。 6. 学会使用万用表检测充电电压。 7. 学会使用电流钳检测启动电流。 8. 学会记录测量值。
对学生的要求	1. 能正确掌握启动与充电系统的组成。 2. 能正确掌握启动与充电系统的工作原理。 3. 能正确掌握诊断仪、电流钳的使用方法。 4. 能够正确使用诊断仪和电流钳。 5. 能够正确分析测量数据。 6. 能够提出正确的维修建议。 7. 能够养成 6S 规范作业习惯。 8. 能够培养团队意识、工匠精神、职业精神。
参考资料	《汽车电器系统检修》配套教材。

2. 检测启动与充电性能的计划单

学习场	检修启动和充电系统	
学习情境四	检修启动与充电性能	
学时	0.2 学时	
典型工作过程描述	准备工作—安装安全防护用具—检查发动机运行前的状况—检测启动与充电性能—填写检测报告	
计划制订的方式	小组讨论。	
序　号	工作步骤	注意事项
1	查阅维修手册。	页码、章节、型号。
2	记录标准值。	悬挂的位置。
3	正确连接诊断仪。	传感器安装位置。
4	连接电流钳。	传感器安装位置、序号。

检修汽车电子电气与空调系统

5	设置仪器参数。	单位、菜单选择正确。
6	使用万用表检测充电电压。	检测位置。
7	使用电流钳检测启动电流。	数据的读取时刻、单位。
8	记录测量值。	正确填写测量值。

计划评价	班级		第 组	组长签字	
	教师签字		日期		
	评语:				

3. 检测启动与充电性能的决策单

学习场	检修启动和充电系统
学习情境四	检修启动与充电性能
学时	0.2 学时
典型工作过程描述	准备工作—安装安全防护用具—检查发动机运行前的状况—**检测启动与充电性能**—填写检测报告

计 划 对 比					
序 号	计划的可行性	计划的经济性	计划的可操作性	计划的实施难度	综合评价
1					
2					
3					
4					

决策评价	班级		第 组	组长签字	
	教师签字		日期		
	评语:				

4. 检测启动与充电性能的实施单

学习场	检修启动和充电系统
学习情境四	检修启动与充电性能
学时	0.2 学时
典型工作过程描述	准备工作—安装安全防护用具—检查发动机运行前的状况—**检测启动与充电性能**—填写检测报告

序 号	实施步骤	注意事项
1	查阅维修手册。 记录:	页码、章节、型号选择正确。

学习情境四　检修启动与充电性能

2	记录标准值。 **记录：**	悬挂的位置。
3	正确连接诊断仪。 **记录：**	传感器安装位置。
4	连接电流钳。 **记录：**	传感器安装位置、序号。
5	设置仪器参数。 **记录：**	单位、菜单选择正确。
6	使用万用表检测充电电压。 **记录：**	检测位置。
7	使用电流钳检测启动电流。 **记录：**	数据的读取时刻、单位。
8	记录测量值。 **记录：**	正确填写测量值。

实施说明：

实施评价	班级		第　组	组长签字	
	教师签字		日期		
	评语：				

5. 检测启动与充电性能的检查单

学习场	检修启动和充电系统
学习情境四	检修启动与充电性能
学时	0.2 学时
典型工作过程描述	准备工作—安装安全防护用具—检查发动机运行前的状况—**检测启动与充电性能**—填写检测报告

检修汽车电子电气与空调系统

序 号	检 查 项 目	检 查 标 准	学生自查	教师检查
1	查阅维修手册	页码、章节、型号		
2	记录标准值	悬挂的位置		
3	正确连接诊断仪	传感器安装位置		
4	连接电流钳	传感器安装位置、序号		
5	设置仪器参数	单位、菜单选择正确		
6	使用万用表检测充电电压	检测位置		
7	使用电流钳检测启动电流	数据的读取时刻、单位		
8	记录测量值	正确填写测量值		
检查评价	班级		第 组	组长签字	
	教师签字		日期		
	评语：				

6. 检测启动与充电性能的评价单

学习场	检修启动和充电系统			
学习情境四	检修启动与充电性能			
学时	0.2 学时			
典型工作过程描述	准备工作—安装安全防护用具—检查发动机运行前的状况—**检测启动与充电性能**—填写检测报告			
评价项目	评价子项目	学生自评	组内评价	教师评价
作业流程完整性	作业流程是否完整			
作业流程规范性	作业流程是否规范			
信息记录准确性	信息记录是否完整、准确			
6S 管理	是否做到 6S 管理			
评价的评价	班级		第 组	组长签字	
	教师签字		日期		
	评语：				

任务五　填写检测报告

1. 填写检测报告的资讯单

学习场	检修启动和充电系统
学习情境四	检修启动与充电性能
学时	0.2 学时
典型工作过程描述	准备工作—安装安全防护用具—检查发动机运行前的状况—检测启动与充电性能—填写检测报告
搜集资讯的方式	线下图书与线上资源相结合。
资讯描述	1. 学会对比分析测量数据。 2. 提出正确的维修建议。
对学生的要求	1. 正确分析测量数据。 2. 提出正确的维修建议。 3. 能够养成 6S 规范作业习惯。
参考资料	《汽车电器系统检修》配套教材。

2. 填写检测报告的计划单

学习场	检修启动和充电系统		
学习情境四	检修启动与充电性能		
学时	0.2 学时		
典型工作过程描述	准备工作—安装安全防护用具—检查发动机运行前的状况—检测启动与充电性能—填写检测报告		
计划制订的方式	小组讨论。		
序　号	工　作　步　骤	注　意　事　项	
1	对比分析测量数据。	分析正确、全面、透彻。	
2	提出正确的维修建议。	建议简单明了。	
计划评价	班级　　　　　　第　　组　　组长签字 教师签字　　　　　日期 评语：		

3. 填写检测报告的决策单

学习场	检修启动和充电系统
学习情境四	检修启动与充电性能
学时	0.2 学时
典型工作过程描述	准备工作—安装安全防护用具—检查发动机运行前的状况—检测启动与充电性能—填写检测报告

计 划 对 比					
序　号	计划的可行性	计划的经济性	计划的可操作性	计划的实施难度	综 合 评 价
1					
2					
3					
4					
决策评价	班级		第　组		组长签字	
	教师签字		日期		
	评语：				

4. 填写检测报告的实施单

学习场	检修启动和充电系统
学习情境四	检修启动与充电性能
学时	0.2 学时
典型工作过程描述	准备工作—安装安全防护用具—检查发动机运行前的状况—检测启动与充电性能—**填写检测报告**

序　号	实 施 步 骤	注 意 事 项
1	对比分析测量数据。 记录：	分析正确、全面、透彻。
2	提出正确的维修建议。 记录：	建议简单明了。

实施说明：

实施评价	班级		第　组	组长签字	
	教师签字		日期		
	评语：				

5. 填写检测报告的检查单

学习场	检修启动和充电系统			
学习情境四	检修启动与充电性能			
学时	0.2 学时			
典型工作过程描述	准备工作—安装安全防护用具—检查发动机运行前的状况—检测启动与充电性能—填写检测报告			
序　号	检 查 项 目	检 查 标 准	学 生 自 查	教 师 检 查
1	对比分析测量数据	数据分析是否正确、全面、透彻		
2	提出正确的维修建议	维修建议是否合理		
检查评价	班级		第　　组	组长签字
	教师签字		日期	
	评语:			

6. 填写检测报告的评价单

学习场	检修启动和充电系统			
学习情境四	检修启动与充电性能			
学时	0.2 学时			
典型工作过程描述	准备工作—安装安全防护用具—检查发动机运行前的状况—检测启动与充电性能—填写检测报告			
评 价 项 目	评价子项目	学 生 自 评	组 内 评 价	教 师 评 价
对比分析测量数据	测量数据分析是否全面、透彻			
提出正确的维修建议	维修建议是否合理			
评价的评价	班级		第　　组	组长签字
	教师签字		日期	
	评语:			

学习情境五 检测雨刮电机电路

任务一 检测雨刮电机电路的准备工作

1. 检测雨刮电机电路准备工作的资讯单

学习场	检修电器与控制系统
学习情境五	检测雨刮电机电路
学时	0.1 学时
典型工作过程描述	准备工作—安装安全防护用具—查阅雨刮电机电路图—检测雨刮电机电路—填写检测报告
搜集资讯的方式	线下图书与线上资源相结合。
资讯描述	1. 雨刮电机电路的组成。 2. 雨刮电机工作原理。 3. 万用表、示波器的使用方法。
对学生的要求	1. 掌握雨刮电机电路组成的知识。 2. 掌握雨刮电机工作原理。 3. 掌握万用表、示波器的使用方法。 4. 准备工具与设备。 5. 能够养成 6S 规范作业习惯。 6. 能够培养团队意识、工匠精神、职业精神。
参考资料	《汽车电器与控制系统检修》配套教材。

2. 检测雨刮电机电路准备工作的计划单

学习场	检修电器与控制系统			
学习情境五	检测雨刮电机电路			
学时	0.1 学时			
典型工作过程描述	准备工作—安装安全防护用具—查阅雨刮电机电路图—检测雨刮电机电路—填写检测报告			
计划制订的方式	小组讨论。			
序 号	工 作 步 骤		注 意 事 项	
1	雨刮电机电路的组成。		描述清楚。	
2	雨刮电机的工作原理。		描述清楚。	
3	万用表、示波器的使用方法。		参数单位、菜单的选择正确。	
计划评价	班级		第 组	组长签字
	教师签字		日期	
	评语:			

学习情境五 检测雨刮电机电路

3. 检测雨刮电机电路准备工作的决策单

学习场	检修电器与控制系统				
学习情境五	检测雨刮电机电路				
学时	0.1 学时				
典型工作过程描述	**准备工作**—安装安全防护用具—查阅雨刮电机电路图—检测雨刮电机电路—填写检测报告				
	计 划 对 比				
序 号	计划的可行性	计划的经济性	计划的可操作性	计划的实施难度	综 合 评 价
1					
2					
3					
4					
决策评价	班级		第 组	组长签字	
	教师签字		日期		
	评语：				

4. 检测雨刮电机电路准备工作的实施单

学习场	检修电器与控制系统		
学习情境五	检测雨刮电机电路		
学时	0.1 学时		
典型工作过程描述	**准备工作**—安装安全防护用具—查阅雨刮电机电路图—检测雨刮电机电路—填写检测报告		
序 号	实 施 步 骤	注 意 事 项	
1	雨刮电机电路的组成。 记录：	描述清楚。	
2	雨刮电机工作原理。 记录：	描述清楚。	
3	万用表、示波器的使用方法。 记录：	注意参数的单位和菜单的选择。	
实施说明：			
实施评价	班级		第 组	组长签字	
	教师签字		日期		
	评语：				

5. 检测雨刮电机电路准备工作的检查单

学习场	检修电器与控制系统			
学习情境五	检测雨刮电机电路			
学时	0.1 学时			
典型工作过程描述	准备工作—安装安全防护用具—查阅雨刮电机电路图—检测雨刮电机电路—填写检测报告			
序 号	检 查 项 目	检 查 标 准	学 生 自 查	教 师 检 查
1	雨刮电机电路的组成	是否描述清楚		
2	雨刮电机工作原理	是否描述清楚		
3	万用表、示波器的使用方法	参数单位、菜单的选择是否正确		
检查评价	班级		第 组	组长签字	
	教师签字		日期		
	评语:				

6. 检测雨刮电机电路准备工作的评价单

学习场	检修电器与控制系统			
学习情境五	检测雨刮电机电路			
学时	0.1 学时			
典型工作过程描述	准备工作—安装安全防护用具—查阅雨刮电机电路图—检测雨刮电机电路—填写检测报告			
评 价 项 目	评价子项目	学 生 自 评	组 内 评 价	教 师 评 价
雨刮电机电路的组成	描述清楚			
雨刮电机工作原理	描述清楚			
万用表、示波器的使用方法	参数单位、菜单的选择正确			
评价的评价	班级		第 组	组长签字	
	教师签字		日期		
	评语:				

学习情境五　检测雨刮电机电路

任务二　安装安全防护用具

1. 安装安全防护用具的资讯单

学习场	检修电器与控制系统
学习情境五	检测雨刮电机电路
学时	0.1 学时
典型工作过程描述	准备工作—**安装安全防护用具**—查阅雨刮电机电路图—检测雨刮电机电路—填写检测报告
搜集资讯的方式	线下图书与线上资源相结合。
资讯描述	1. 了解安全防护用具有哪些。 2. 学会正确安装安全防护用具。
对学生的要求	1. 能正确安装翼子板布、前格栅布。 2. 能正确安装室内四件套。 3. 能正确安装车轮挡块。 4. 能够养成 6S 规范作业习惯。 5. 能够培养团队意识、工匠精神、职业精神。
参考资料	《汽车电器与控制系统检修》配套教材。

2. 安装安全防护用具的计划单

学习场	检修电器与控制系统		
学习情境五	检测雨刮电机电路		
学时	0.1 学时		
典型工作过程描述	准备工作—**安装安全防护用具**—查阅雨刮电机电路图—检测雨刮电机电路—填写检测报告		
计划制订的方式	小组讨论。		
序　号	工　作　步　骤	注　意　事　项	
1	安装翼子板布、前格栅布。	方向、位置。	
2	安装室内四件套。	安装是否正确。	
3	安装车轮挡块。	位置。	
计划评价	班级　　　　　　　　　第　　组　　组长签字 教师签字　　　　　　　日期 评语：		

69

3. 安装安全防护用具的决策单

学习场	检修电器与控制系统				
学习情境五	检测雨刮电机电路				
学时	0.1 学时				
典型工作过程描述	准备工作—安装安全防护用具—查阅雨刮电机电路图—检测雨刮电机电路—填写检测报告				
计 划 对 比					
序　号	计划的可行性	计划的经济性	计划的可操作性	计划的实施难度	综 合 评 价
1					
2					
3					
4					
决策评价	班级		第　组	组长签字	
	教师签字		日期		
	评语：				

4. 安装安全防护用具的实施单

学习场	检修电器与控制系统	
学习情境五	检测雨刮电机电路	
学时	0.1 学时	
典型工作过程描述	准备工作—**安装安全防护用具**—查阅雨刮电机电路图—检测雨刮电机电路—填写检测报告	
序　号	实 施 步 骤	注 意 事 项
1	安装翼子板布、前格栅布。	方向、位置。
2	安装室内四件套。	安装是否正确。
3	安装车轮挡块。	位置。
实施说明：		
实施评价	班级		第　组	组长签字	
	教师签字		日期		
	评语：				

学习情境五 检测雨刮电机电路

5. 安装安全防护用具的检查单

学习场	检修电器与控制系统			
学习情境五	检测雨刮电机电路			
学时	0.1 学时			
典型工作过程描述	准备工作—**安装安全防护用具**—查阅雨刮电机电路图—检测雨刮电机电路—填写检测报告			
序 号	检 查 项 目	检 查 标 准	学 生 自 查	教 师 检 查
1	安装翼子板布、前格栅布	安装是否正确		
2	安装室内四件套	安装是否正确		
3	安装车轮挡块	安装是否正确		
检查评价	班级		第 组	组长签字
	教师签字		日期	
	评语:			

6. 安装安全防护用具的评价单

学习场	检修电器与控制系统			
学习情境五	检测雨刮电机电路			
学时	0.1 学时			
典型工作过程描述	准备工作—**安装安全防护用具**—查阅雨刮电机电路图—检测雨刮电机电路—填写检测报告			
评 价 项 目	评价子项目	学 生 自 评	组 内 评 价	教 师 评 价
作业流程完整性	作业流程是否完整			
作业流程规范性	作业流程是否规范			
6S 管理	是否做到 6S 管理			
评价的评价	班级		第 组	组长签字
	教师签字		日期	
	评语:			

71

检修汽车电子电气与空调系统

任务三 查阅雨刮电机电路图

1. 查阅雨刮电机电路图的资讯单

学习场	检修电器与控制系统
学习情境五	检测雨刮电机电路
学时	0.2学时
典型工作过程描述	准备工作—安装安全防护用具—**查阅雨刮电机电路图**—检测雨刮电机电路—填写检测报告
搜集资讯的方式	线下图书与线上资源相结合。
资讯描述	1. 学会查阅维修手册。 2. 学会正确分析雨刮电机电路图。 3. 学会正确检测蓄电池电压。
对学生的要求	1. 能正确查阅维修手册。 2. 能正确分析雨刮电机电路图。 3. 能正确检测蓄电池电压。 4. 能够养成6S规范作业习惯。 5. 能够培养团队意识、工匠精神、职业精神。
参考资料	《汽车电器与控制系统检修》配套教材。

2. 查阅雨刮电机电路图的计划单

学习场	检修电器与控制系统		
学习情境五	检测雨刮电机电路		
学时	0.2学时		
典型工作过程描述	准备工作—安装安全防护用具—**查阅雨刮电机电路图**—检测雨刮电机电路—填写检测报告		
计划制订的方式	小组讨论。		
序 号	工 作 步 骤	注 意 事 项	
1	查阅维修手册。	章节、页码、型号。	
2	分析雨刮电机电路图。	分析方法。	
3	检测蓄电池电压。	检查方法、单位。	
计划评价	班级 　　　　　第　组　　组长签字 教师签字 　　　　　日期 评语:		

学习情境五　检测雨刮电机电路

3. 查阅雨刮电机电路图的决策单

学习场	检修电器与控制系统				
学习情境五	检测雨刮电机电路				
学时	0.2 学时				
典型工作过程描述	准备工作—安装安全防护用具—**查阅雨刮电机电路图**—检测雨刮电机电路—填写检测报告				
计 划 对 比					
序　号	计划的可行性	计划的经济性	计划的可操作性	计划的实施难度	综 合 评 价
1					
2					
3					
4					
决策评价	班级		第　　组	组长签字	
	教师签字		日期		
	评语：				

4. 查阅雨刮电机电路图的实施单

学习场	检修电器与控制系统	
学习情境五	检测雨刮电机电路	
学时	0.2 学时	
典型工作过程描述	准备工作—安装安全防护用具—**查阅雨刮电机电路图**—检测雨刮电机电路—填写检测报告	
序　号	实 施 步 骤	注 意 事 项
1	查阅维修手册。	章节、页码、型号。
2	分析雨刮电机电路图。	分析方法。
3	检测蓄电池电压。	检查方法、单位。
实施说明：		
实施评价	班级		第　　组	组长签字	
	教师签字		日期		
	评语：				

5. 查阅雨刮电机电路图的检查单

学习场	检修电器与控制系统			
学习情境五	检测雨刮电机电路			
学时	0.2 学时			
典型工作过程描述	准备工作—安装安全防护用具—**查阅雨刮电机电路图**—检测雨刮电机电路—填写检测报告			
序 号	检 查 项 目	检 查 标 准	学 生 自 查	教 师 检 查
1	查阅维修手册	章节、页码、型号是否选择正确		
2	分析雨刮电机电路图	分析方法是否正确		
3	检测蓄电池电压	检查方法、单位是否正确		
检查评价	班级		第　组	组长签字	
	教师签字		日期		
	评语：				

6. 查阅雨刮电机电路图的评价单

学习场	检修电器与控制系统			
学习情境五	检测雨刮电机电路			
学时	0.2 学时			
典型工作过程描述	查准备工作—安装安全防护用具—**查阅雨刮电机电路图**—检测雨刮电机电路—填写检测报告			
评 价 项 目	评价子项目	学 生 自 评	组 内 评 价	教 师 评 价
作业流程完整性	作业流程是否完整			
作业流程规范性	作业流程是否规范			
评价的评价	班级		第　组	组长签字	
	教师签字		日期		
	评语：				

学习情境五　检测雨刮电机电路

任务四　检测雨刮电机电路

1. 检测雨刮电机电路的资讯单

学习场	检修电器与控制系统
学习情境五	检测雨刮电机电路
学时	0.2 学时
典型工作过程描述	准备工作—安装安全防护用具—查阅雨刮电机电路图—**检测雨刮电机电路**—填写检测报告
搜集资讯的方式	线下图书与线上资源相结合。
资讯描述	1. 学会查阅维修手册。 2. 学会记录标准值。 3. 学会使用万用表检测雨刮电机供电、接地电压。 4. 学会使用示波器检测雨刮电机电路控制波形。
对学生的要求	1. 能正确查阅维修手册。 2. 能正确记录标准值。 3. 能正确使用万用表检测雨刮电机供电、接地电压。 4. 能够养成 6S 规范作业习惯。 5. 能够培养团队意识、工匠精神、职业精神。
参考资料	《汽车电器与控制系统检修》配套教材。

2. 检测雨刮电机电路的计划单

学习场	检修电器与控制系统		
学习情境五	检测雨刮电机电路		
学时	0.2 学时		
典型工作过程描述	准备工作—安装安全防护用具—查阅雨刮电机电路图—**检测雨刮电机电路**—填写检测报告		
计划制订的方式	小组讨论。		
序号	工作步骤	注意事项	
1	查阅维修手册。	页码、章节、型号。	
2	记录标准值。	分析方法。	
3	使用万用表检测雨刮电机供电、接地电压。	数据的读取时刻、单位。	
4	使用示波器检测雨刮电机电路控制波形。	数据的读取时刻、单位。	
计划评价	班级　　　　　　　　第　　组　　组长签字 教师签字　　　　　　　　　日期 评语：		

3. 检测雨刮电机电路的决策单

学习场	检修电器与控制系统				
学习情境五	检测雨刮电机电路				
学时	0.2学时				
典型工作过程描述	准备工作—安装安全防护用具—查阅雨刮电机电路图—**检测雨刮电机电路**—填写检测报告				
计 划 对 比					
序 号	计划的可行性	计划的经济性	计划的可操作性	计划的实施难度	综 合 评 价
1					
2					
3					
4					
决策评价	班级		第 组	组长签字	
	教师签字		日期		
	评语:				

4. 检测雨刮电机电路的实施单

学习场	检修电器与控制系统	
学习情境五	检测雨刮电机电路	
学时	0.2学时	
典型工作过程描述	准备工作—安装安全防护用具—查阅雨刮电机电路图—**检测雨刮电机电路**—填写检测报告	
序 号	实 施 步 骤	注 意 事 项
1	查阅维修手册。	页码、章节、型号。
2	记录标准值。	断面宽度单位。
3	使用万用表检测雨刮电机供电、接地电压。	数据的读取时刻、单位。
4	使用示波器检测雨刮电机电路控制波形。	数据的读取时刻、单位。
实施说明:		
实施评价	班级		第 组	组长签字	
	教师签字		日期		
	评语:				

5. 检测雨刮电机电路的检查单

学习场	检修电器与控制系统			
学习情境五	检测雨刮电机电路			
学时	0.2 学时			
典型工作过程描述	准备工作—安装安全防护用具—查阅雨刮电机电路图—**检测雨刮电机电路**—填写检测报告			
序 号	检 查 项 目	检 查 标 准	学 生 自 查	教 师 检 查
1	查阅维修手册	页码、章节、型号是否选择正确		
2	记录标准值	绘制是否正确		
3	使用万用表检测雨刮电机供电、接地电压	数据的读取时刻、单位是否正确		
4	使用示波器检测雨刮电机电路控制波形	数据的读取时刻、单位是否正确		
检查评价	班级		第　　组	组长签字
	教师签字		日期	
	评语：			

6. 检测雨刮电机电路的评价单

学习场	检修电器与控制系统			
学习情境五	检测雨刮电机电路			
学时	0.2 学时			
典型工作过程描述	准备工作—安装安全防护用具—查阅雨刮电机电路图—**检测雨刮电机电路**—填写检测报告			
评价项目	评价子项目	学生自评	组内评价	教师评价
作业流程完整性	作业流程是否完整			
作业流程规范性	作业流程是否规范			
评价的评价	班级		第　　组	组长签字
	教师签字		日期	
	评语：			

任务五　填写检测报告

1. 填写检测报告的资讯单

学习场	检修电器与控制系统
学习情境五	检测雨刮电机电路
学时	0.2 学时
典型工作过程描述	准备工作—安装安全防护用具—查阅雨刮电机电路图—检测雨刮电机电路—**填写检测报告**
搜集资讯的方式	线下图书与线上资源相结合。
资讯描述	1. 学会对比分析测量数据。 2. 提出正确的维修建议。
对学生的要求	1. 正确分析测量数据。 2. 提出正确的维修建议。 3. 能够养成 6S 规范作业习惯。
参考资料	《汽车电器与控制系统检修》配套教材。

2. 填写检测报告的计划单

学习场	检修电器与控制系统		
学习情境五	检测雨刮电机电路		
学时	0.2 学时		
典型工作过程描述	准备工作—安装安全防护用具—查阅雨刮电机电路图—检测雨刮电机电路—**填写检测报告**		
计划制订的方式	小组讨论。		
序　号	工　作　步　骤	注　意　事　项	
1	对比分析测量数据。	分析正确、全面、透彻。	
2	提出正确的维修建议。	建议简单明了。	
计划评价	班级　　　　　　　第　　组　　组长签字 教师签字　　　　　　日期 评语：		

3. 填写检测报告的决策单

学习场	检修电器与控制系统				
学习情境五	检测雨刮电机电路				
学时	0.2 学时				
典型工作过程描述	准备工作—安装安全防护用具—查阅雨刮电机电路图—检测雨刮电机电路—填写检测报告				
计 划 对 比					
序　号	计划的可行性	计划的经济性	计划的可操作性	计划的实施难度	综 合 评 价
1					
2					
3					
4					
决策评价	班级		第　　组	组长签字	
	教师签字		日期		
	评语：				

4. 填写检测报告的实施单

学习场	检修电器与控制系统	
学习情境五	检测雨刮电机电路	
学时	0.2 学时	
典型工作过程描述	准备工作—安装安全防护用具—查阅雨刮电机电路图—检测雨刮电机电路—填写检测报告	
序　号	实 施 步 骤	注 意 事 项
1	对比分析测量数据。	分析正确、全面、透彻。
2	提出正确的维修建议。	建议简单明了。
实施说明：		
实施评价	班级		第　　组	组长签字	
	教师签字		日期		
	评语：				

学习情境五　检测雨刮电机电路

5. 填写检测报告的检查单

学习场	检修电器与控制系统				
学习情境五	检测雨刮电机电路				
学时	0.2 学时				
典型工作过程描述	准备工作—安装安全防护用具—查阅雨刮电机电路图—检测雨刮电机电路—**填写检测报告**				
序 号	检 查 项 目	检 查 标 准	学 生 自 查	教 师 检 查	
1	对比分析测量数据	数据分析是否正确、全面、透彻			
2	提出正确的维修建议	维修建议是否合理			
检查评价	班级		第 组	组长签字	
	教师签字		日期		
	评语：				

6. 填写检测报告的评价单

学习场	检修电器与控制系统				
学习情境五	检测雨刮电机电路				
学时	0.2 学时				
典型工作过程描述	准备工作—安装安全防护用具—查阅雨刮电机电路图—检测雨刮电机电路—**填写检测报告**				
评价项目	评价子项目	学 生 自 评	组 内 评 价	教 师 评 价	
对比分析测量数据	测量数据分析是否全面、透彻				
提出正确的维修建议	维修建议是否合理				
评价的评价	班级		第 组	组长签字	
	教师签字		日期		
	评语：				

学习情境六 检测玻璃洗涤系统电路

任务一 检测玻璃洗涤系统电路的准备工作

1. 检测玻璃洗涤系统电路准备工作的资讯单

学习场	检修电器与控制系统
学习情境六	检测玻璃洗涤系统电路
学时	0.1 学时
典型工作过程描述	准备工作—查阅玻璃洗涤系统电路图—确认玻璃洗涤系统电路元件安装位置—辨认玻璃洗涤系统电路引脚信息—检测玻璃洗涤系统电路—填写检测报告
搜集资讯的方式	线下图书与线上资源相结合。
资讯描述	1. 玻璃洗涤系统电路元件的作用。 2. 玻璃洗涤系统电路工作原理。 3. 检测仪器的使用方法。
对学生的要求	1. 掌握玻璃洗涤系统电路元件作用的知识。 2. 掌握玻璃洗涤系统电路组成、工作原理。 3. 掌握检测仪器的使用方法。 4. 准备工具与设备。 5. 能够养成 6S 规范作业习惯。 6. 能够培养团队意识、工匠精神、职业精神。
参考资料	《汽车电器系统检修》配套教材。

2. 检测玻璃洗涤系统电路准备工作的计划单

学习场	检修电器与控制系统	
学习情境六	检测玻璃洗涤系统电路	
学时	0.1 学时	
典型工作过程描述	准备工作—查阅玻璃洗涤系统电路图—确认玻璃洗涤系统电路元件安装位置—辨认玻璃洗涤系统电路引脚信息—检测玻璃洗涤系统电路—填写检测报告	
计划制订的方式	小组讨论。	
序 号	工 作 步 骤	注 意 事 项
1	玻璃洗涤系统电路元件作用。	描述清楚。
2	玻璃洗涤系统电路组成、工作原理。	描述清楚、完整。
3	检测仪器的使用方法。	参数单位和仪器菜单、挡位的选择。
4	准备工具与设备。	型号选择正确。

计划评价	班级		第 组	组长签字	
	教师签字		日期		
	评语：				

3. 检测玻璃洗涤系统电路准备工作的决策单

学习场	检修电器与控制系统				
学习情境六	检测玻璃洗涤系统电路				
学时	0.1学时				
典型工作过程描述	准备工作—查阅玻璃洗涤系统电路图—确认玻璃洗涤系统电路元件安装位置—辨认玻璃洗涤系统电路引脚信息—检测玻璃洗涤系统电路—填写检测报告				
计 划 对 比					
序 号	计划的可行性	计划的经济性	计划的可操作性	计划的实施难度	综合评价
1					
2					
3					
4					
决策评价	班级		第 组	组长签字	
	教师签字		日期		
	评语：				

4. 检测玻璃洗涤系统电路准备工作的实施单

学习场	检修电器与控制系统	
学习情境六	检测玻璃洗涤系统电路	
学时	0.1学时	
典型工作过程描述	准备工作—查阅玻璃洗涤系统电路图—确认玻璃洗涤系统电路元件安装位置—辨认玻璃洗涤系统电路引脚信息—检测玻璃洗涤系统电路—填写检测报告	
序 号	实 施 步 骤	注 意 事 项
1	玻璃洗涤系统电路元件作用。 记录：	描述清楚。
2	玻璃洗涤系统电路组成、工作原理。 记录：	描述清楚、完整。

3	检测仪器的使用方法。 记录：	注意参数单位和仪器菜单、挡位的选择。
4	准备工具与设备。 记录：	型号选择正确。

实施说明：

实施评价	班级		第　组	组长签字	
	教师签字		日期		
	评语：				

5. 检测玻璃洗涤系统电路准备工作的检查单

学习场	检修电器与控制系统			
学习情境六	检测玻璃洗涤系统电路			
学时	0.1 学时			
典型工作过程描述	准备工作—查阅玻璃洗涤系统电路图—确认玻璃洗涤系统电路元件安装位置—辨认玻璃洗涤系统电路引脚信息—检测玻璃洗涤系统电路—填写检测报告			
序　号	检查项目	检查标准	学生自查	教师检查
1	玻璃洗涤系统电路元件作用	是否描述清楚		
2	玻璃洗涤系统电路组成、工作原理	是否描述清楚、完整		
3	检测仪器的使用方法	参数单位、菜单的选择是否正确		
4	准备工具与设备	型号选择是否正确		
检查评价	班级		第　组	组长签字	
	教师签字		日期		
	评语：				

6. 检测玻璃洗涤系统电路准备工作的评价单

学习场	检修电器与控制系统				
学习情境六	检测玻璃洗涤系统电路				
学时	0.1 学时				
典型工作过程描述	**准备工作**—查阅玻璃洗涤系统电路图—确认玻璃洗涤系统电路元件安装位置—辨认玻璃洗涤系统电路引脚信息—检测玻璃洗涤系统电路—填写检测报告				
评价项目	评价子项目	学生自评	组内评价	教师评价	
玻璃洗涤系统电路元件作用	描述清楚				
玻璃洗涤系统电路组成、工作原理	描述清楚、完整				
检测仪器的使用方法	参数单位和仪器菜单、挡位的选择正确				
准备工具与设备	型号选择正确				
评价的评价	班级		第 组	组长签字	
	教师签字		日期		
	评语:				

任务二 查阅玻璃洗涤系统电路图

1. 查阅玻璃洗涤系统电路图的资讯单

学习场	检修电器与控制系统
学习情境六	检测玻璃洗涤系统电路
学时	0.1 学时
典型工作过程描述	准备工作—**查阅玻璃洗涤系统电路图**—确认玻璃洗涤系统电路元件安装位置—辨认玻璃洗涤系统电路引脚信息—检测玻璃洗涤系统电路—填写检测报告
搜集资讯的方式	线下图书与线上资源相结合。
资讯描述	1. 了解车辆基本信息有哪些。 2. 学会获取发动机型号。 3. 获取电路图的识读方法。
对学生的要求	1. 能确认车辆基本信息。 2. 能确认发动机型号。 3. 熟练查阅玻璃洗涤系统电路图。 4. 会绘制玻璃洗涤系统电路原理简图。 5. 能够养成 6S 规范作业习惯。 6. 能够培养团队意识、工匠精神、职业精神。
参考资料	《汽车电器系统检修》配套教材。

2. 查阅玻璃洗涤系统电路图的计划单

学习场	检修电器与控制系统				
学习情境六	检测玻璃洗涤系统电路				
学时	0.1 学时				
典型工作过程描述	准备工作—**查阅玻璃洗涤系统电路图**—确认玻璃洗涤系统电路元件安装位置—辨认玻璃洗涤系统电路引脚信息—检测玻璃洗涤系统电路—填写检测报告				
计划制订的方式	小组讨论。				
序 号	工 作 步 骤		注 意 事 项		
1	确认车辆基本信息。		准确核查车辆信息。		
2	确认发动机型号。		准确核查发动机信息。		
3	查阅玻璃洗涤系统电路图。		型号、页码、章节选择正确。		
4	绘制玻璃洗涤系统电路原理简图。		引脚信息标注正确。		
计划评价	班级		第 组	组长签字	
	教师签字		日期		
	评语：				

3. 查阅玻璃洗涤系统电路图的决策单

学习场	检修电器与控制系统				
学习情境六	检测玻璃洗涤系统电路				
学时	0.1 学时				
典型工作过程描述	准备工作—**查阅玻璃洗涤系统电路图**—确认玻璃洗涤系统电路元件安装位置—辨认玻璃洗涤系统电路引脚信息—检测玻璃洗涤系统电路—填写检测报告				
计 划 对 比					
序 号	计划的可行性	计划的经济性	计划的可操作性	计划的实施难度	综 合 评 价
1					
2					
3					
4					
决策评价	班级		第 组	组长签字	
	教师签字		日期		
	评语：				

4. 查阅玻璃洗涤系统电路图的实施单

学习场	检修电器与控制系统
学习情境六	检测玻璃洗涤系统电路
学时	0.1 学时
典型工作过程描述	准备工作—**查阅玻璃洗涤系统电路图**—确认玻璃洗涤系统电路元件安装位置—辨认玻璃洗涤系统电路引脚信息—检测玻璃洗涤系统电路—填写检测报告

序 号	实 施 步 骤	注 意 事 项
1	确认车辆基本信息。 记录：	准确核查车辆信息。
2	确认发动机型号。 记录：	准确核查发动机信息。
3	查阅玻璃洗涤系统电路图。 记录：	型号、页码、章节选择正确。
4	绘制玻璃洗涤系统电路原理简图。 记录：	引脚信息标注正确。

实施说明：

实施评价	班级		第 组	组长签字	
	教师签字		日期		
	评语：				

学习情境六 检测玻璃洗涤系统电路

5. 查阅玻璃洗涤系统电路图的检查单

学习场	检修电器与控制系统			
学习情境六	检测玻璃洗涤系统电路			
学时	0.1 学时			
典型工作过程描述	准备工作—**查阅玻璃洗涤系统电路图**—确认玻璃洗涤系统电路元件安装位置—辨认玻璃洗涤系统电路引脚信息—检测玻璃洗涤系统电路—填写检测报告			
序 号	检 查 项 目	检 查 标 准	学 生 自 查	教 师 检 查
1	确认车辆基本信息	准确核查车辆信息		
2	确认发动机型号	准确核查发动机信息		
3	查阅玻璃洗涤系统电路图	型号、页码、章节选择正确		
4	绘制玻璃洗涤系统电路原理简图	引脚信息标注正确		
检查评价	班级		第 组	组长签字
	教师签字		日期	
	评语：			

6. 查阅玻璃洗涤系统电路图的评价单

学习场	检修电器与控制系统			
学习情境六	检测玻璃洗涤系统电路			
学时	0.1 学时			
典型工作过程描述	准备工作—**查阅玻璃洗涤系统电路图**—确认玻璃洗涤系统电路元件安装位置—辨认玻璃洗涤系统电路引脚信息—检测玻璃洗涤系统电路—填写检测报告			
评 价 项 目	评价子项目	学 生 自 评	组 内 评 价	教 师 评 价
确认车辆基本信息	车辆基本信息是否正确			
确认发动机型号	发动机型号是否正确			
查阅玻璃洗涤系统电路图	查阅方法是否正确、完整			
绘制玻璃洗涤系统电路原理简图	电路原理简图是否正确			
评价的评价	班级		第 组	组长签字
	教师签字		日期	
	评语：			

任务三　确认玻璃洗涤系统电路元件安装位置

1. 确认玻璃洗涤系统电路元件安装位置的资讯单

学习场	检修电器与控制系统
学习情境六	检测玻璃洗涤系统电路
学时	0.2 学时
典型工作过程描述	准备工作—查阅玻璃洗涤系统电路图—**确认玻璃洗涤系统电路元件安装位置**—辨认玻璃洗涤系统电路引脚信息—检测玻璃洗涤系统电路—填写检测报告
搜集资讯的方式	线下图书与线上资源相结合。
资讯描述	1. 查阅维修手册。 2. 了解车辆信息。
对学生的要求	1. 能正确查阅维修手册。 2. 能正确确认玻璃洗涤系统电路元件的安装位置。 3. 能够养成 6S 规范作业习惯。 4. 能够培养团队意识、工匠精神、职业精神。
参考资料	《汽车电器系统检修》配套教材。

2. 确认玻璃洗涤系统电路元件安装位置的计划单

学习场	检修电器与控制系统		
学习情境六	检测玻璃洗涤系统电路		
学时	0.2 学时		
典型工作过程描述	准备工作—查阅玻璃洗涤系统电路图—**确认玻璃洗涤系统电路元件安装位置**—辨认玻璃洗涤系统电路引脚信息—检测玻璃洗涤系统电路—填写检测报告		
计划制订的方式	小组讨论。		
序　号	工　作　步　骤	注　意　事　项	
1	查阅维修手册。	章节、页码、型号选择正确。	
2	在车辆上辨认玻璃洗涤系统电路元件的安装位置。	指认位置正确。	
计划评价	班级　　　　　　第　组　　组长签字 教师签字　　　　日期 评语：		

学习情境六 检测玻璃洗涤系统电路

3. 确认玻璃洗涤系统电路元件安装位置的决策单

学习场	检修电器与控制系统				
学习情境六	检测玻璃洗涤系统电路				
学时	0.2 学时				
典型工作过程描述	准备工作—查阅玻璃洗涤系统电路图—**确认玻璃洗涤系统电路元件安装位置**—辨认玻璃洗涤系统电路引脚信息—检测玻璃洗涤系统电路—填写检测报告				
计 划 对 比					
序 号	计划的可行性	计划的经济性	计划的可操作性	计划的实施难度	综 合 评 价
1					
2					
3					
4					
决策评价	班级		第 组	组长签字	
	教师签字		日期		
	评语：				

4. 确认玻璃洗涤系统电路元件安装位置的实施单

学习场	检修电器与控制系统		
学习情境六	检测玻璃洗涤系统电路		
学时	0.2 学时		
典型工作过程描述	准备工作—查阅玻璃洗涤系统电路图—**确认玻璃洗涤系统电路元件安装位置**—辨认玻璃洗涤系统电路引脚信息—检测玻璃洗涤系统电路—填写检测报告		
序 号	实 施 步 骤	注 意 事 项	
1	查阅维修手册。 记录：	章节、页码、型号选择正确。	
2	在车辆上辨认玻璃洗涤系统电路元件的安装位置。 记录：	指认位置正确。	
实施说明：			
实施评价	班级	第 组	组长签字
	教师签字	日期	
	评语：		

5. 确认玻璃洗涤系统电路元件安装位置的检查单

学习场	检修电器与控制系统			
学习情境六	检测玻璃洗涤系统电路			
学时	0.2 学时			
典型工作过程描述	准备工作—查阅玻璃洗涤系统电路图—**确认玻璃洗涤系统电路元件安装位置**—辨认玻璃洗涤系统电路引脚信息—检测玻璃洗涤系统电路—填写检测报告			
序 号	检 查 项 目	检 查 标 准	学 生 自 查	教 师 检 查
1	查阅维修手册	章节、页码、型号是否选择正确		
2	在车辆上辨认玻璃洗涤系统电路元件的安装位置	指认位置是否正确		
检查评价	班级		第 组	组长签字	
	教师签字		日期		
	评语：				

6. 确认玻璃洗涤系统电路元件安装位置的评价单

学习场	检修电器与控制系统			
学习情境六	检测玻璃洗涤系统电路			
学时	0.2 学时			
典型工作过程描述	准备工作—查阅玻璃洗涤系统电路图—**确认玻璃洗涤系统电路元件安装位置**—辨认玻璃洗涤系统电路引脚信息—检测玻璃洗涤系统电路—填写检测报告			
评价项目	评价子项目	学 生 自 评	组内评价	教师评价
作业流程完整性	作业流程是否完整			
作业流程规范性	作业流程是否规范			
评价的评价	班级		第 组	组长签字	
	教师签字		日期		
	评语：				

学习情境六　检测玻璃洗涤系统电路

任务四　辨认玻璃洗涤系统电路引脚信息

1. 辨认玻璃洗涤系统电路引脚信息的资讯单

学习场	检修电器与控制系统
学习情境六	检测玻璃洗涤系统电路
学时	0.2 学时
典型工作过程描述	准备工作—查阅玻璃洗涤系统电路图—确认玻璃洗涤系统电路元件安装位置—**辨认玻璃洗涤系统电路引脚信息**—检测玻璃洗涤系统电路—填写检测报告
搜集资讯的方式	线下图书与线上资源相结合。
资讯描述	1．查阅维修手册。 2．辨认玻璃洗涤系统电路元件插头引脚。
对学生的要求	1．熟练使用维修资料。 2．能正确辨认洗涤泵插头引脚。 3．能正确辨认洗涤泵控制开关插头引脚。 4．能正确辨认线束颜色。 5．能够养成 6S 规范作业习惯。 6．能够培养团队意识、工匠精神、职业精神。
参考资料	《汽车电器系统检修》配套教材。

2. 辨认玻璃洗涤系统电路引脚信息的计划单

学习场	检修电器与控制系统		
学习情境六	检测玻璃洗涤系统电路		
学时	0.2 学时		
典型工作过程描述	准备工作—查阅玻璃洗涤系统电路图—确认玻璃洗涤系统电路元件安装位置—**辨认玻璃洗涤系统电路引脚信息**—检测玻璃洗涤系统电路—填写检测报告		
计划制订的方式	小组讨论。		
序　号	工 作 步 骤	注 意 事 项	
1	查阅维修电路图。	页码、章节、型号选择正确。	
2	拆下洗涤泵及控制开关插头。	拆卸方法正确。	
3	对比维修资料中的引脚信息。	信息正确。	
4	辨认线束颜色。	颜色正确。	
计划评价	班级　　　　　　　　　第　　组　　组长签字 教师签字　　　　　　　日期 评语：		

3. 辨认玻璃洗涤系统电路引脚信息的决策单

学习场	检修电器与控制系统				
学习情境六	检测玻璃洗涤系统电路				
学时	0.2 学时				
典型工作过程描述	准备工作—查阅玻璃洗涤系统电路图—确认玻璃洗涤系统电路元件安装位置—**辨认玻璃洗涤系统电路引脚信息**—检测玻璃洗涤系统电路—填写检测报告				
计 划 对 比					
序 号	计划的可行性	计划的经济性	计划的可操作性	计划的实施难度	综 合 评 价
1					
2					
3					
4					
决策评价	班级		第 组	组长签字	
	教师签字		日期		
	评语:				

4. 辨认玻璃洗涤系统电路引脚信息的实施单

学习场	检修电器与控制系统
学习情境六	检测玻璃洗涤系统电路
学时	0.2 学时
典型工作过程描述	准备工作—查阅玻璃洗涤系统电路图—确认玻璃洗涤系统电路元件安装位置—**辨认玻璃洗涤系统电路引脚信息**—检测玻璃洗涤系统电路—填写检测报告

序 号	实 施 步 骤	注 意 事 项
1	查阅维修电路图。 记录:	页码、章节、型号选择正确。
2	拆下洗涤泵及控制开关插头。 记录:	拆卸方法正确。
3	对比维修资料中的引脚信息。 记录:	信息正确。

学习情境六 检测玻璃洗涤系统电路

		辨认线束颜色。			
4		记录:		颜色正确。	

实施说明:						
实施评价	班级		第 组		组长签字	
	教师签字		日期			
	评语:					

5. 辨认玻璃洗涤系统电路引脚信息的检查单

学习场	检修电器与控制系统			
学习情境六	检测玻璃洗涤系统电路			
学时	0.2 学时			
典型工作过程描述	准备工作—查阅玻璃洗涤系统电路图—确认玻璃洗涤系统电路元件安装位置—**辨认玻璃洗涤系统电路引脚信息**—检测玻璃洗涤系统电路—填写检测报告			
序 号	检 查 项 目	检 查 标 准	学生自查	教师检查
1	查阅维修电路图	页码、章节、型号是否选择正确		
2	拆下洗涤泵及控制开关插头	拆卸方法是否正确		
3	对比维修资料中的引脚信息	信息是否正确		
4	辨认线束颜色	颜色是否正确		
检查评价	班级		第 组	组长签字
	教师签字		日期	
	评语:			

6. 辨认玻璃洗涤系统电路引脚信息的评价单

学习场	检修电器与控制系统			
学习情境六	检测玻璃洗涤系统电路			
学时	0.2 学时			
典型工作过程描述	准备工作—查阅玻璃洗涤系统电路图—确认玻璃洗涤系统电路元件安装位置—**辨认玻璃洗涤系统电路引脚信息**—检测玻璃洗涤系统电路—填写检测报告			
评价项目	评价子项目	学生自评	组内评价	教师评价
作业流程完整性	作业流程是否完整			
作业流程规范性	作业流程是否规范			
信息记录准确	信息记录是否完整、准确			
6S 管理	是否做到 6S 管理			
评价的评价	班级		第 组	组长签字
	教师签字		日期	
	评语：			

任务五 检测玻璃洗涤系统电路

1. 检测玻璃洗涤系统电路的资讯单

学习场	检修电器与控制系统
学习情境六	检测玻璃洗涤系统电路
学时	0.2 学时
典型工作过程描述	准备工作—查阅玻璃洗涤系统电路图—确认玻璃洗涤系统电路元件安装位置—辨认玻璃洗涤系统电路引脚信息—**检测玻璃洗涤系统电路**—填写检测报告
搜集资讯的方式	线下图书与线上资源相结合。
资讯描述	1. 查阅维修手册。 2. 玻璃洗涤系统电路元件插头引脚信息。 3. 引脚与接地电压的标准值、标准波形。 4. 信号引脚与接地之间标准波形。
对学生的要求	1. 熟练使用维修手册。 2. 检测玻璃洗涤系统电路方法正确、规范。 3. 正确使用测量仪表。 4. 能够养成 6S 规范作业习惯。
参考资料	《汽车电器系统检修》配套教材。

学习情境六　检测玻璃洗涤系统电路

2. 检测玻璃洗涤系统电路的计划单

学习场	检修电器与控制系统		
学习情境六	检测玻璃洗涤系统电路		
学时	0.2 学时		
典型工作过程描述	准备工作—查阅玻璃洗涤系统电路图—确认玻璃洗涤系统电路元件安装位置—辨认玻璃洗涤系统电路引脚信息—**检测玻璃洗涤系统电路**—填写检测报告		
计划制订的方式	小组讨论。		
序　号	工 作 步 骤	注 意 事 项	
1	找到所测的保险丝、继电器、引脚。	所测引脚正确。	
2	检测保险丝两端电压、电阻。	检测方法正确、读数准确。	
3	检测继电器工作状况。	检测方法正确、读数准确。	
4	检测洗涤泵及控制开关接地电压、供电电压、信号电压。	检测方法正确、读数准确。	
5	检测洗涤泵控制开关信号标准波形。	仪器连接正确，菜单、参数设置正确。	
6	记录检测数据、绘制波形。	数据、单位正确。	
计划评价	班级	第　组	组长签字
	教师签字	日期	
	评语：		

3. 检测玻璃洗涤系统电路的决策单

学习场	检修电器与控制系统				
学习情境六	检测玻璃洗涤系统电路				
学时	0.2 学时				
典型工作过程描述	准备工作—查阅玻璃洗涤系统电路图—确认玻璃洗涤系统电路元件安装位置—辨认玻璃洗涤系统电路引脚信息—**检测玻璃洗涤系统电路**—填写检测报告				
计 划 对 比					
序　号	计划的可行性	计划的经济性	计划的可操作性	计划的实施难度	综 合 评 价
1					
2					
3					
4					
决策评价	班级		第　组	组长签字	
	教师签字		日期		
	评语：				

检修汽车电子电气与空调系统

4. 检测玻璃洗涤系统电路的实施单

学习场	检修电器与控制系统
学习情境六	检测玻璃洗涤系统电路
学时	0.2 学时
典型工作过程描述	准备工作—查阅玻璃洗涤系统电路图—确认玻璃洗涤系统电路元件安装位置—辨认玻璃洗涤系统电路引脚信息—**检测玻璃洗涤系统电路**—填写检测报告

序　号	实　施　步　骤	注　意　事　项
1	找到所测的保险丝、继电器、引脚。 记录：	所测引脚正确。
2	检测保险丝两端电压、电阻。 记录：	检测方法正确、读数准确。
3	检测继电器工作状况。 记录：	检测方法正确、读数准确。
4	检测洗涤泵及控制开关接地电压、供电电压、信号电压。 记录：	检测方法正确、读数准确。
5	检测洗涤泵控制开关信号标准波形。 记录：	仪器连接正确，菜单、参数设置正确。
6	记录检测数据、绘制波形。 记录：	数据、单位正确。

实施说明：

	班级		第　组	组长签字	
实施评价	教师签字		日期		
	评语：				

5. 检测玻璃洗涤系统电路的检查单

学习场	检修电器与控制系统				
学习情境六	检测玻璃洗涤系统电路				
学时	0.2 学时				
典型工作过程描述	准备工作—查阅玻璃洗涤系统电路图—确认玻璃洗涤系统电路元件安装位置—辨认玻璃洗涤系统电路引脚信息—**检测玻璃洗涤系统电路**—填写检测报告				
序 号	检 查 项 目	检 查 标 准		学生自查	教师检查
1	找到所测的保险丝、继电器、引脚	所测引脚是否正确			
2	检测保险丝两端电压、电阻	检测方法是否正确、读数是否准确			
3	检测继电器工作状况	检测方法是否正确、读数是否准确			
4	检测洗涤泵及控制开关接地电压、供电电压、信号电压	检测方法是否正确、读数是否准确			
5	检测洗涤泵控制开关信号标准波形	仪器连接和菜单、参数设置是否正确			
6	记录检测数据、绘制波形	数据、单位正确			
检查评价	班级		第 组	组长签字	
	教师签字		日期		
	评语:				

6. 检测玻璃洗涤系统电路的评价单

学习场	检修电器与控制系统			
学习情境六	检测玻璃洗涤系统电路			
学时	0.2 学时			
典型工作过程描述	准备工作—查阅玻璃洗涤系统电路图—确认玻璃洗涤系统电路元件安装位置—辨认玻璃洗涤系统电路引脚信息—**检测玻璃洗涤系统电路**—填写检测报告			
评价项目	评价子项目	学生自评	组内评价	教师评价
作业流程完整性	作业流程是否完整			
作业流程规范性	作业流程是否规范			
信息记录完整准确性	信息记录是否完整、准确			
分析判断结果正确性	分析判断结果是否正确			
6S 管理	是否做到 6S 管理			
评价的评价	班级		第 组	组长签字
	教师签字		日期	
	评语:			

任务六 填写检测报告

1. 填写检测报告的资讯单

学习场	检修电器与控制系统
学习情境六	检测玻璃洗涤系统电路
学时	0.2 学时
典型工作过程描述	准备工作—查阅玻璃洗涤系统电路图—确认玻璃洗涤系统电路元件安装位置—辨认玻璃洗涤系统电路引脚信息—检测玻璃洗涤系统电路—**填写检测报告**
搜集资讯的方式	线下图书与线上资源相结合。
资讯描述	1. 学会对比分析测量数据。 2. 提出正确的维修建议。
对学生的要求	1. 正确分析测量数据。 2. 提出正确的维修建议。 3. 能够养成 6S 规范作业习惯。
参考资料	《汽车电器系统检修》配套教材。

2. 填写检测报告的计划单

学习场	检修电器与控制系统		
学习情境六	检测玻璃洗涤系统电路		
学时	0.2 学时		
典型工作过程描述	准备工作—查阅玻璃洗涤系统电路图—确认玻璃洗涤系统电路元件安装位置—辨认玻璃洗涤系统电路引脚信息—检测玻璃洗涤系统电路—**填写检测报告**		
计划制订的方式	小组讨论。		
序 号	工 作 步 骤	注 意 事 项	
1	对比分析测量数据。	分析正确、全面、透彻。	
2	提出正确的维修建议。	建议简单明了。	
计划评价	班级：　　　　　　第　　组　　组长签字： 教师签字：　　　　　　日期： 评语：		

3. 填写检测报告的决策单

学习场	检修电器与控制系统
学习情境六	检测玻璃洗涤系统电路
学时	0.2 学时
典型工作过程描述	准备工作—查阅玻璃洗涤系统电路图—确认玻璃洗涤系统电路元件安装位置—辨认玻璃洗涤系统电路引脚信息—检测玻璃洗涤系统电路—**填写检测报告**

学习情境六 检测玻璃洗涤系统电路

计 划 对 比					
序　号	计划的可行性	计划的经济性	计划的可操作性	计划的实施难度	综 合 评 价
1					
2					
3					
4					
决策评价	班级		第　　组	组长签字	
	教师签字		日期		
	评语：				

4．填写检测报告的实施单

学习场	检修电器与控制系统	
学习情境六	检测玻璃洗涤系统电路	
学时	0.2 学时	
典型工作过程描述	准备工作—查阅玻璃洗涤系统电路图—确认玻璃洗涤系统电路元件安装位置—辨认玻璃洗涤系统电路引脚信息—检测玻璃洗涤系统电路—填写检测报告	
序　号	实 施 步 骤	注 意 事 项
1	对比分析测量数据。 记录：	分析正确、全面、透彻。
2	提出正确的维修建议。 记录：	建议简单明了。
实施说明：		
实施评价	班级	第　　组　　组长签字
	教师签字	日期
	评语：	

5. 填写检测报告的检查单

学习场	检修电器与控制系统			
学习情境六	检测玻璃洗涤系统电路			
学时	0.2 学时			
典型工作过程描述	准备工作—查阅玻璃洗涤系统电路图—确认玻璃洗涤系统电路元件安装位置—辨认玻璃洗涤系统电路引脚信息—检测玻璃洗涤系统电路—填写检测报告			
序 号	检 查 项 目	检 查 标 准	学生自查	教师检查
1	对比分析测量数据	数据分析是否正确、全面、透彻		
2	提出正确的维修建议	维修建议是否合理		
检查评价	班级		第 组	组长签字
	教师签字		日期	
	评语:			

6. 填写检测报告的评价单

学习场	检修电器与控制系统			
学习情境六	检测玻璃洗涤系统电路			
学时	0.2 学时			
典型工作过程描述	准备工作—查阅玻璃洗涤系统电路图—确认玻璃洗涤系统电路元件安装位置—辨认玻璃洗涤系统电路引脚信息—检测玻璃洗涤系统电路—填写检测报告			
评 价 项 目	评 价 子 项 目	学 生 自 评	组 内 评 价	教 师 评 价
对比分析测量数据	测量数据分析是否全面、透彻			
提出正确的维修建议	维修建议是否合理			
评价的评价	班级		第 组	组长签字
	教师签字		日期	
	评语:			

学习情境七　检测转向灯控制电路

任务一　检测转向灯控制电路的准备工作

1. 检测转向灯控制电路准备工作的资讯单

学习场	检修电器与控制系统
学习情境七	检测转向灯控制电路
学时	0.1 学时
典型工作过程描述	准备工作—查阅转向灯控制电路图—确认转向灯控制电路元件安装位置—辨认转向灯控制电路引脚信息—检测转向灯控制电路—填写检测报告
搜集资讯的方式	线下图书与线上资源相结合。
资讯描述	1. 转向灯作用。 2. 转向灯控制电路工作原理。 3. 检测仪器的使用方法。
对学生的要求	1. 掌握转向灯作用的知识。 2. 掌握转向灯控制电路组成、工作原理。 3. 掌握检测仪器的使用方法。 4. 准备工具与设备。 5. 能够养成 6S 规范作业习惯。 6. 能够培养团队意识、工匠精神、职业精神。
参考资料	《汽车电器系统检修》配套教材。

2. 检测转向灯控制电路准备工作的计划单

学习场	检修电器与控制系统	
学习情境七	检测转向灯控制电路	
学时	0.1 学时	
典型工作过程描述	准备工作—查阅转向灯控制电路图—确认转向灯控制电路元件安装位置—辨认转向灯控制电路引脚信息—检测转向灯控制电路—填写检测报告	
计划制订的方式	小组讨论。	
序　号	工　作　步　骤	注　意　事　项
1	转向灯的作用。	描述清楚。
2	转向灯控制电路组成、工作原理。	描述清楚、完整。
3	检测仪器的使用方法。	参数单位和仪器菜单、挡位的选择。
4	准备工具与设备。	型号选择正确。

检修汽车电子电气与空调系统

计划评价	班级		第 组		组长签字	
	教师签字		日期			
	评语:					

3. 检测转向灯控制电路准备工作的决策单

学习场	检修电器与控制系统
学习情境七	检测转向灯控制电路
学时	0.1学时
典型工作过程描述	**准备工作**—查阅转向灯控制电路图—确认转向灯控制电路元件安装位置—辨认转向灯控制电路引脚信息—检测转向灯控制电路—填写检测报告

计 划 对 比					
序 号	计划的可行性	计划的经济性	计划的可操作性	计划的实施难度	综合评价
1					
2					
3					
4					

决策评价	班级		第 组		组长签字	
	教师签字		日期			
	评语:					

4. 检测转向灯控制电路准备工作的实施单

学习场	检修电器与控制系统
学习情境七	检测转向灯控制电路
学时	0.1学时
典型工作过程描述	**准备工作**—查阅转向灯控制电路图—确认转向灯控制电路元件安装位置—辨认转向灯控制电路引脚信息—检测转向灯控制电路—填写检测报告

序 号	实 施 步 骤	注 意 事 项
1	转向灯作用。 记录:	描述清楚。
2	转向灯控制电路组成、工作原理。 记录:	描述清楚、完整。

学习情境七 检测转向灯控制电路

3	检测仪器的使用方法。 记录：	注意参数单位和仪器菜单、挡位的选择。
4	准备工具与设备。 记录：	型号选择正确。

实施说明：					
实施评价	班级		第 组	组长签字	
	教师签字		日期		
	评语：				

5. 检测转向灯控制电路准备工作的检查单

学习场	检修电器与控制系统			
学习情境七	检测转向灯控制电路			
学时	0.1 学时			
典型工作过程描述	准备工作—查阅转向灯控制电路图—确认转向灯控制电路元件安装位置—辨认转向灯控制电路引脚信息—检测转向灯控制电路—填写检测报告			
序 号	检查项目	检查标准	学生自查	教师检查
1	转向灯的作用	是否清楚		
2	转向灯控制电路组成、工作原理	是否描述清楚、完整		
3	检测仪器的使用方法	参数单位、菜单的选择是否正确		
4	准备工具与设备	型号选择是否正确		
检查评价	班级		第 组	组长签字	
	教师签字		日期		
	评语：				

6. 检测转向灯控制电路准备工作的评价单

学习场	检修电器与控制系统				
学习情境七	检测转向灯控制电路				
学时	0.1学时				
典型工作过程描述	准备工作—查阅转向灯控制电路图—确认转向灯控制电路元件安装位置—辨认转向灯控制电路引脚信息—检测转向灯控制电路—填写检测报告				
评价项目	评价子项目	学生自评	组内评价	教师评价	
转向灯控制电路元件作用	描述清楚				
转向灯控制电路组成、工作原理	描述清楚、完整				
检测仪器的使用方法	参数单位和仪器菜单、挡位的选择正确				
准备工具与设备	型号选择是否正确				
评价的评价	班级		第 组	组长签字	
	教师签字		日期		
	评语：				

任务二 查阅转向灯控制电路图

1. 查阅转向灯控制电路图的资讯单

学习场	检修电器与控制系统
学习情境七	检测转向灯控制电路
学时	0.1学时
典型工作过程描述	准备工作—**查阅转向灯控制电路图**—确认转向灯控制电路元件安装位置—辨认转向灯控制电路引脚信息—检测转向灯控制电路—填写检测报告
搜集资讯的方式	线下图书与线上资源相结合。
资讯描述	1. 了解车辆基本信息有哪些。 2. 学习获取发动机型号。 3. 获取电路图的识读方法。
对学生的要求	1. 能确认车辆基本信息。 2. 能确认发动机型号。 3. 熟练查阅转向灯控制电路图。 4. 会绘制转向灯控制电路原理简图。 5. 能够养成6S规范作业习惯。 6. 能够培养团队意识、工匠精神、职业精神。
参考资料	《汽车电器系统检修》配套教材。

2. 查阅转向灯控制电路图的计划单

学习场	检修电器与控制系统		
学习情境七	检测转向灯控制电路		
学时	0.1学时		
典型工作过程描述	准备工作—**查阅转向灯控制电路图**—确认转向灯控制电路元件安装位置—辨认转向灯控制电路引脚信息—检测转向灯控制电路—填写检测报告		
计划制订的方式	小组讨论。		
序　号	工　作　步　骤	注　意　事　项	
1	确认车辆基本信息。	准确核查车辆信息。	
2	确认发动机型号。	准确核查发动机信息。	
3	查阅转向灯控制电路图。	型号、页码、章节选择正确。	
4	绘制转向灯控制电路原理简图。	引脚信息标注正确。	
计划评价	班级		第　组	组长签字	
	教师签字		日期		
	评语：				

3. 查阅转向灯控制电路图的决策单

学习场	检修电器与控制系统				
学习情境七	检测转向灯控制电路				
学时	0.1学时				
典型工作过程描述	准备工作—**查阅转向灯控制电路图**—确认转向灯控制电路元件安装位置—辨认转向灯控制电路引脚信息—检测转向灯控制电路—填写检测报告				
	计　划　对　比				
序　号	计划的可行性	计划的经济性	计划的可操作性	计划的实施难度	综合评价
1					
2					
3					
4					
决策评价	班级		第　组	组长签字	
	教师签字		日期		
	评语：				

4. 查阅转向灯控制电路图的实施单

学习场	检修电器与控制系统
学习情境七	检测转向灯控制电路
学时	0.1学时
典型工作过程描述	准备工作—**查阅转向灯控制电路图**—确认转向灯控制电路元件安装位置—辨认转向灯控制电路引脚信息—检测转向灯控制电路—填写检测报告

序　号	实　施　步　骤	注　意　事　项
1	确认车辆基本信息。 记录：	准确核查车辆信息。
2	确认发动机型号。 记录：	准确核查发动机信息。
3	查阅转向灯控制电路图。 记录：	型号、页码、章节选择正确。
4	绘制转向灯控制电路原理简图。 记录：	引脚信息标注正确。

实施说明：

实施评价	班级		第　　组		组长签字	
	教师签字		日期			
	评语：					

5. 查阅转向灯控制电路图的检查单

学习场	检修电器与控制系统
学习情境七	检测转向灯控制电路
学时	0.1学时
典型工作过程描述	准备工作—**查阅转向灯控制电路图**—确认转向灯控制电路元件安装位置—辨认转向灯控制电路引脚信息—检测转向灯控制电路—填写检测报告

学习情境七 检测转向灯控制电路

序 号	检 查 项 目	检 查 标 准	学 生 自 查	教 师 检 查
1	确认车辆基本信息	准确核查车辆信息		
2	确认发动机型号	准确核查发动机信息		
3	查阅转向灯控制电路图	型号、页码、章节选择正确		
4	绘制转向灯控制电路原理简图	引脚信息标注正确		

检查评价	班级		第 组	组长签字	
	教师签字		日期		
	评语：				

6. 查阅转向灯控制电路图的评价单

学习场	检修电器与控制系统			
学习情境七	检测转向灯控制电路			
学时	0.1 学时			
典型工作过程描述	准备工作—**查阅转向灯控制电路图**—确认转向灯控制电路元件安装位置—辨认转向灯控制电路引脚信息—检测转向灯控制电路—填写检测报告			
评价项目	评价子项目	学生自评	组内评价	教师评价
确认车辆基本信息	车辆基本信息是否正确			
确认发动机型号	发动机型号是否正确			
查阅转向灯控制电路图	查阅方法是否正确、完整			
绘制转向灯控制电路原理简图	电路原理简图是否正确			
评价的评价	班级		第 组	组长签字
	教师签字		日期	
	评语：			

任务三 确认转向灯控制电路元件安装位置

1. 确认转向灯控制电路元件安装位置的资讯单

学习场	检修电器与控制系统
学习情境七	检测转向灯控制电路
学时	0.2 学时
典型工作过程描述	准备工作—查阅转向灯控制电路图—**确认转向灯控制电路元件安装位置**—辨认转向灯控制电路引脚信息—检测转向灯控制电路—填写检测报告
搜集资讯的方式	线下图书与线上资源相结合。
资讯描述	1. 查阅维修手册。 2. 确认车辆信息。
对学生的要求	1. 能正确查阅维修手册。 2. 能正确确认转向灯控制电路元件的安装位置。 3. 能够养成 6S 规范作业习惯。 4. 能够培养团队意识、工匠精神、职业精神。
参考资料	《汽车电器系统检修》配套教材。

2. 确认转向灯控制电路元件安装位置的计划单

学习场	检修电器与控制系统		
学习情境七	检测转向灯控制电路		
学时	0.2 学时		
典型工作过程描述	准备工作—查阅转向灯控制电路图—**确认转向灯控制电路元件安装位置**—辨认转向灯控制电路引脚信息—检测转向灯控制电路—填写检测报告		
计划制订的方式	小组讨论。		
序 号	工 作 步 骤	注 意 事 项	
1	查阅维修手册。	章节、页码、型号选择正确。	
2	在车辆上辨认转向灯控制电路元件的安装位置。	指认位置正确。	
计划评价	班级　　　　　第　　组　　组长签字 教师签字　　　　　　日期 评语:		

3. 确认转向灯控制电路元件安装位置的决策单

学习场	检修电器与控制系统				
学习情境七	检测转向灯控制电路				
学时	0.2 学时				
典型工作过程描述	准备工作—查阅转向灯控制电路图—**确认转向灯控制电路元件安装位置**—辨认转向灯控制电路引脚信息—检测转向灯控制电路—填写检测报告				
计 划 对 比					
序 号	计划的可行性	计划的经济性	计划的可操作性	计划的实施难度	综 合 评 价
1					
2					
3					
4					
决策评价	班级		第 组	组长签字	
	教师签字		日期		
	评语:				

4. 确认转向灯控制电路元件安装位置的实施单

学习场	检修电器与控制系统	
学习情境七	检测转向灯控制电路	
学时	0.2 学时	
典型工作过程描述	准备工作—查阅转向灯控制电路图—**确认转向灯控制电路元件安装位置**—辨认转向灯控制电路引脚信息—检测转向灯控制电路—填写检测报告	
序 号	实 施 步 骤	注 意 事 项
1	查阅维修手册。 记录:	章节、页码、型号选择正确。
2	在车辆上辨认转向灯控制电路元件的安装位置。 记录:	指认位置正确。
实施说明:		
实施评价	班级		第 组	组长签字	
	教师签字		日期		
	评语:				

5. 确认转向灯控制电路元件安装位置的检查单

学习场	检修电器与控制系统			
学习情境七	检测转向灯控制电路			
学时	0.2 学时			
典型工作过程描述	准备工作—查阅转向灯控制电路图—**确认转向灯控制电路元件安装位置**—辨认转向灯控制电路引脚信息—检测转向灯控制电路—填写检测报告			
序 号	检 查 项 目	检 查 标 准	学 生 自 查	教 师 检 查
1	查阅维修手册	章节、页码、型号是否选择正确		
2	在车辆上辨认转向灯控制电路元件的安装位置	指认位置是否正确		
检查评价	班级		第 组	组长签字	
	教师签字		日期		
	评语:				

6. 确认转向灯控制电路元件安装位置的评价单

学习场	检修电器与控制系统			
学习情境七	检测转向灯控制电路			
学时	0.2 学时			
典型工作过程描述	准备工作—查阅转向灯控制电路图—**确认转向灯控制电路元件安装位置**—辨认转向灯控制电路引脚信息—检测转向灯控制电路—填写检测报告			
评价项目	评价子项目	学 生 自 评	组 内 评 价	教 师 评 价
作业流程完整性	作业流程是否完整			
作业流程规范性	作业流程是否规范			
评价的评价	班级		第 组	组长签字	
	教师签字		日期		
	评语:				

学习情境七　检测转向灯控制电路

任务四　辨认转向灯控制电路引脚信息

1. 辨认转向灯控制电路引脚信息的资讯单

学习场	检修电器与控制系统
学习情境七	检测转向灯控制电路
学时	0.2 学时
典型工作过程描述	准备工作—查阅转向灯控制电路图—确认转向灯控制电路元件安装位置—**辨认转向灯控制电路引脚信息**—检测转向灯控制电路—填写检测报告
搜集资讯的方式	线下图书与线上资源相结合。
资讯描述	1. 查阅维修手册。 2. 转向灯控制电路元件插头引脚。
对学生的要求	1. 熟练使用维修资料。 2. 能正确辨认转向灯插头引脚。 3. 能正确辨认转向灯控制开关插头引脚。 4. 能正确辨认线束颜色。 5. 能够养成 6S 规范作业习惯。 6. 能够培养团队意识、工匠精神、职业精神。
参考资料	《汽车电器系统检修》配套教材。

2. 辨认转向灯控制电路引脚信息的计划单

学习场	检修电器与控制系统			
学习情境七	检测转向灯控制电路			
学时	0.2 学时			
典型工作过程描述	准备工作—查阅转向灯控制电路图—确认转向灯控制电路元件安装位置—**辨认转向灯控制电路引脚信息**—检测转向灯控制电路—填写检测报告			
计划制订的方式	小组讨论。			
序　号	工　作　步　骤		注　意　事　项	
1	查阅维修电路图。		页码、章节、型号选择正确。	
2	拆下转向灯及控制开关插头。		拆卸方法正确。	
3	对比维修资料中的引脚信息。		信息正确。	
4	辨认线束颜色。		颜色正确。	
计划评价	班级		第　　组	组长签字
	教师签字		日期	
	评语：			

3. 辨认转向灯控制电路引脚信息的决策单

学习场	检修电器与控制系统				
学习情境七	检测转向灯控制电路				
学时	0.2 学时				
典型工作过程描述	准备工作—查阅转向灯控制电路图—确认转向灯控制电路元件安装位置—**辨认转向灯控制电路引脚信息**—检测转向灯控制电路—填写检测报告				
计 划 对 比					
序 号	计划的可行性	计划的经济性	计划的可操作性	计划的实施难度	综 合 评 价
1					
2					
3					
4					
决策评价	班级		第 组		组长签字
	教师签字		日期		
	评语:				

4. 辨认转向灯控制电路引脚信息的实施单

学习场	检修电器与控制系统	
学习情境七	检测转向灯控制电路	
学时	0.2 学时	
典型工作过程描述	准备工作—查阅转向灯控制电路图—确认转向灯控制电路元件安装位置—**辨认转向灯控制电路引脚信息**—检测转向灯控制电路—填写检测报告	
序 号	实 施 步 骤	注 意 事 项
1	查阅维修电路图。	页码、章节、型号选择正确。
2	拆下转向灯及控制开关插头。	拆卸方法正确。
3	对比维修资料中的引脚信息。	信息正确。
4	辨认线束颜色。	颜色正确。
实施说明:		
实施评价	班级		第 组	组长签字	
	教师签字		日期		
	评语:				

学习情境七　检测转向灯控制电路

5. 辨认转向灯控制电路引脚信息的检查单

学习场	检修电器与控制系统			
学习情境七	检测转向灯控制电路			
学时	0.2 学时			
典型工作过程描述	准备工作—查阅转向灯控制电路图—确认转向灯控制电路元件安装位置—**辨认转向灯控制电路引脚信息**—检测转向灯控制电路—填写检测报告			
序　号	检 查 项 目	检 查 标 准	学 生 自 查	教 师 检 查
1	查阅维修电路图	页码、章节、型号是否选择正确		
2	拆下转向灯及控制开关插头	拆卸方法是否正确		
3	对比维修资料中的引脚信息	信息是否正确		
4	辨认线束颜色	颜色是否正确		
检查评价	班级		第　　　组	组长签字
	教师签字		日期	
	评语:			

6. 辨认转向灯控制电路引脚信息的评价单

学习场	检修电器与控制系统			
学习情境七	检测转向灯控制电路			
学时	0.2 学时			
典型工作过程描述	准备工作—查阅转向灯控制电路图—确认转向灯控制电路元件安装位置—**辨认转向灯控制电路引脚信息**—检测转向灯控制电路—填写检测报告			
评 价 项 目	评价子项目	学 生 自 评	组 内 评 价	教 师 评 价
作业流程完整性	作业流程是否完整			
作业流程规范性	作业流程是否规范			
信息记录准确性	信息记录是否完整、准确			
6S 管理	是否做到 6S 管理			
评价的评价	班级		第　　　组	组长签字
	教师签字		日期	
	评语:			

任务五　检测转向灯控制电路

1. 检测转向灯控制电路的资讯单

学习场	检修电器与控制系统
学习情境七	检测转向灯控制电路
学时	0.2 学时
典型工作过程描述	准备工作—查阅转向灯控制电路图—确认转向灯控制电路元件安装位置—辨认转向灯控制电路引脚信息—检测转向灯控制电路—填写检测报告
搜集资讯的方式	线下图书与线上资源相结合。
资讯描述	1. 查阅维修手册。 2. 转向灯控制电路元件插头引脚信息。 3. 引脚与接地电压的标准值、标准波形。 4. 信号引脚与接地之间标准波形。
对学生的要求	1. 熟练使用维修手册。 2. 检测转向灯控制电路方法正确、规范。 3. 正确使用测量仪表。 4. 能够养成 6S 规范作业习惯。
参考资料	《汽车电器系统检修》配套教材。

2. 检测转向灯控制电路的计划单

学习场	检修电器与控制系统		
学习情境七	检测转向灯控制电路		
学时	0.2 学时		
典型工作过程描述	准备工作—查阅转向灯控制电路图—确认转向灯控制电路元件安装位置—辨认转向灯控制电路引脚信息—检测转向灯控制电路—填写检测报告		
计划制订的方式	小组讨论。		
序　号	工　作　步　骤	注　意　事　项	
1	找到所测的保险丝、继电器、引脚。	所测引脚正确。	
2	检测保险丝两端电压、电阻。	检测方法正确、读数准确。	
3	检测继电器工作状况。	检测方法正确、读数准确。	
4	检测转向灯及控制开关接地电压、供电电压、信号电压。	检测方法正确、读数准确。	
5	检测转向灯控制开关信号标准波形。	仪器连接正确，菜单、参数设置正确。	
6	记录检测数据、绘制波形。	数据、单位正确。	
计划评价	班级　　　　　　　　　　第　　组　　　组长签字 教师签字　　　　　　　　日期 评语：		

学习情境七 检测转向灯控制电路

3. 检测转向灯控制电路的决策单

学习场	检修电器与控制系统				
学习情境七	检测转向灯控制电路				
学时	0.2学时				
典型工作过程描述	准备工作—查阅转向灯控制电路图—确认转向灯控制电路元件安装位置—辨认转向灯控制电路引脚信息—**检测转向灯控制电路**—填写检测报告				
计 划 对 比					
序 号	计划的可行性	计划的经济性	计划的可操作性	计划的实施难度	综 合 评 价
1					
2					
3					
4					
决策评价	班级		第 组	组长签字	
	教师签字		日期		
	评语:				

4. 检测转向灯控制电路的实施单

学习场	检修电器与控制系统	
学习情境七	检测转向灯控制电路	
学时	0.2学时	
典型工作过程描述	准备工作—查阅转向灯控制电路图—确认转向灯控制电路元件安装位置—辨认转向灯控制电路引脚信息—**检测转向灯控制电路**—填写检测报告	
序 号	实 施 步 骤	注 意 事 项
1	找到所测的保险丝、继电器、引脚。 记录:	所测引脚正确。
2	检测保险丝两端电压、电阻。 记录:	检测方法正确、读数准确。
3	检测继电器工作状况。 记录:	检测方法正确、读数准确。
4	检测转向灯及控制开关接地电压、供电电压、信号电压。 记录:	检测方法正确、读数准确。

5	检测转向灯控制开关信号标准波形。 记录：	仪器连接正确,菜单、参数设置正确。
6	记录检测数据、绘制波形。 记录：	数据、单位正确。

实施说明：					
实施评价	班级		第 组	组长签字	
	教师签字		日期		
	评语：				

5. 检测转向灯控制电路的检查单

学习场	检修电器与控制系统
学习情境七	检测转向灯控制电路
学时	0.2 学时
典型工作过程描述	准备工作—查阅转向灯控制电路图—确认转向灯控制电路元件安装位置—辨认转向灯控制电路引脚信息—**检测转向灯控制电路**—填写检测报告

序 号	检 查 项 目	检 查 标 准	学生自查	教师检查
1	找到所测的保险丝、继电器、引脚	所测引脚是否正确		
2	检测保险丝两端电压、电阻	检测方法是否正确、读数是否准确		
3	检测继电器工作状况	检测方法是否正确、读数是否准确		
4	检测转向灯及控制开关接地电压、供电电压、信号电压	检测方法是否正确、读数是否准确		
5	检测转向灯控制开关信号标准波形	仪器连接是否正确,菜单、参数设置是否正确		
6	记录检测数据、绘制波形	数据、单位是否正确		

检查评价	班级		第 组	组长签字	
	教师签字		日期		
	评语：				

学习情境七　检测转向灯控制电路

6. 检测转向灯控制电路的评价单

学习场	检修电器与控制系统			
学习情境七	检测转向灯控制电路			
学时	0.2 学时			
典型工作过程描述	准备工作—查阅转向灯控制电路图—确认转向灯控制电路元件安装位置—辨认转向灯控制电路引脚信息—**检测转向灯控制电路**—填写检测报告			
评价项目	评价子项目	学生自评	组内评价	教师评价
作业流程完整性	作业流程是否完整			
作业流程规范性	作业流程是否规范			
信息记录完整准确性	信息记录是否完整、准确			
分析判断结果正确性	分析判断结果是否正确			
6S 管理	是否做到 6S 管理			
评价的评价	班级		第　　组	组长签字
	教师签字		日期	
	评语：			

任务六　填写检测报告

1. 填写检测报告的资讯单

学习场	检修电器与控制系统
学习情境七	检测转向灯控制电路
学时	0.2 学时
典型工作过程描述	准备工作—查阅转向灯控制电路图—确认转向灯控制电路元件安装位置—辨认转向灯控制电路引脚信息—检测转向灯控制电路—**填写检测报告**
搜集资讯的方式	线下图书与线上资源相结合。
资讯描述	1. 学会对比分析测量数据。 2. 提出正确的维修建议。
对学生的要求	1. 能够正确分析测量数据。 2. 能够提出正确的维修建议。 3. 能够养成 6S 规范作业习惯。
参考资料	《汽车电器系统检修》配套教材。

2. 填写检测报告的计划单

学习场	检修电器与控制系统		
学习情境七	检测转向灯控制电路		
学时	0.2 学时		
典型工作过程描述	准备工作—查阅转向灯控制电路图—确认转向灯控制电路元件安装位置—辨认转向灯控制电路引脚信息—检测转向灯控制电路—**填写检测报告**		
计划制订的方式	小组讨论。		
序 号	工 作 步 骤	注 意 事 项	
1	对比分析测量数据。	分析正确、全面、透彻。	
2	提出正确的维修建议。	建议简单明了。	
计划评价	班级		第 组	组长签字	
	教师签字		日期		
	评语:				

3. 填写检测报告的决策单

学习场	检修电器与控制系统				
学习情境七	检测转向灯控制电路				
学时	0.2 学时				
典型工作过程描述	准备工作—查阅转向灯控制电路图—确认转向灯控制电路元件安装位置—辨认转向灯控制电路引脚信息—检测转向灯控制电路—**填写检测报告**				
	计 划 对 比				
序 号	计划的可行性	计划的经济性	计划的可操作性	计划的实施难度	综 合 评 价
1					
2					
3					
4					
决策评价	班级		第 组	组长签字	
	教师签字		日期		
	评语:				

4. 填写检测报告的实施单

学习场	检修电器与控制系统		
学习情境七	检测转向灯控制电路		
学时	0.2 学时		
典型工作过程描述	准备工作—查阅转向灯控制电路图—确认转向灯控制电路元件安装位置—辨认转向灯控制电路引脚信息—检测转向灯控制电路—**填写检测报告**		
序 号	实 施 步 骤	注 意 事 项	
1	对比分析测量数据。 **记录：**	分析正确、全面、透彻。	
2	提出正确的维修建议。 **记录：**	建议简单明了。	
实施说明：			
实施评价	班级	第　组	组长签字
	教师签字	日期	
	评语：		

5. 填写检测报告的检查单

学习场	检修电器与控制系统		
学习情境七	检测转向灯控制电路		
学时	0.2 学时		
典型工作过程描述	准备工作—查阅转向灯控制电路图—确认转向灯控制电路元件安装位置—辨认转向灯控制电路引脚信息—检测转向灯控制电路—**填写检测报告**		
序 号	检 查 项 目	检 查 标 准	学 生 自 查	教师检查
1	对比分析测量数据	数据分析是否正确、全面、透彻		
2	提出正确的维修建议	维修建议是否合理		
检查评价	班级		第　组	组长签字
	教师签字		日期	
	评语：			

6. 填写检测报告的评价单

学习场	检修电器与控制系统				
学习情境七	检测转向灯控制电路				
学时	0.2 学时				
典型工作过程描述	准备工作—查阅转向灯控制电路图—确认转向灯控制电路元件安装位置—辨认转向灯控制电路引脚信息—检测转向灯控制电路—**填写检测报告**				
评 价 项 目	评价子项目	学 生 自 评	组 内 评 价	教 师 评 价	
对比分析测量数据	测量数据分析是否全面、透彻				
提出正确的维修建议	维修建议是否合理				
评价的评价	班级		第　　组	组长签字	
	教师签字		日期		
	评语：				

学习情境八　检测喇叭控制电路

任务一　检测喇叭控制电路的准备工作

1. 检测喇叭控制电路准备工作的资讯单

学习场	检修电器与控制系统
学习情境八	检测喇叭控制电路
学时	0.1 学时
典型工作过程描述	准备工作—查阅喇叭控制电路图—确认喇叭控制电路元件的安装位置—辨认喇叭控制电路引脚信息—检测喇叭控制电路—填写检测报告
搜集资讯的方式	线下图书与线上资源相结合。
资讯描述	1. 喇叭作用。 2. 喇叭控制电路工作原理。 3. 检测仪器的使用方法。
对学生的要求	1. 掌握喇叭作用的知识。 2. 掌握喇叭控制电路组成、工作原理。 3. 掌握检测仪器的使用方法。 4. 准备工具与设备。 5. 能够养成 6S 规范作业习惯。 6. 能够培养团队意识、工匠精神、职业精神。
参考资料	《汽车电器系统检修》配套教材。

2. 检测喇叭控制电路准备工作的计划单

学习场	检修电器与控制系统	
学习情境八	检测喇叭控制电路	
学时	0.1 学时	
典型工作过程描述	准备工作—查阅喇叭控制电路图—确认喇叭控制电路元件的安装位置—辨认喇叭控制电路引脚信息—检测喇叭控制电路—填写检测报告	
计划制订的方式	小组讨论。	
序　号	工　作　步　骤	注　意　事　项
1	喇叭的作用。	描述清楚。
2	喇叭控制电路组成、工作原理。	描述清楚、完整。
3	检测仪器的使用方法。	参数单位和仪器菜单、挡位的选择。
4	准备工具与设备。	型号选择正确。

计划评价	班级		第 组		组长签字	
	教师签字		日期			
	评语：					

3. 检测喇叭控制电路准备工作的决策单

学习场	检修电器与控制系统
学习情境八	检测喇叭控制电路
学时	0.1学时
典型工作过程描述	准备工作—查阅喇叭控制电路图—确认喇叭控制电路元件的安装位置—辨认喇叭控制电路引脚信息—检测喇叭控制电路—填写检测报告

计 划 对 比					
序 号	计划的可行性	计划的经济性	计划的可操作性	计划的实施难度	综 合 评 价
1					
2					
3					
4					

决策评价	班级		第 组		组长签字	
	教师签字		日期			
	评语：					

4. 检测喇叭控制电路准备工作的实施单

学习场	检修电器与控制系统
学习情境八	检测喇叭控制电路
学时	0.1学时
典型工作过程描述	准备工作—查阅喇叭控制电路图—确认喇叭控制电路元件的安装位置—辨认喇叭控制电路引脚信息—检测喇叭控制电路—填写检测报告

序 号	实 施 步 骤	注 意 事 项
1	喇叭作用。 记录：	描述清楚。
2	喇叭控制电路组成、工作原理。 记录：	描述清楚、完整。

3	检测仪器的使用方法。 记录：	注意参数单位和仪器菜单、挡位的选择。
4	准备工具与设备。 记录：	型号选择正确。

实施说明：

实施评价	班级		第　　组	组长签字	
	教师签字		日期		
	评语：				

5. 检测喇叭控制电路准备工作的检查单

学习场	检修电器与控制系统			
学习情境八	检测喇叭控制电路			
学时	0.1 学时			
典型工作过程描述	准备工作—查阅喇叭控制电路图—确认喇叭控制电路元件的安装位置—辨认喇叭控制电路引脚信息—检测喇叭控制电路—填写检测报告			
序　号	检 查 项 目	检 查 标 准	学 生 自 查	教 师 检 查
1	喇叭的作用	是否描述清楚		
2	喇叭控制电路组成、工作原理	是否描述清楚、完整		
3	检测仪器的使用方法	参数单位、菜单的选择是否正确		
4	准备工具与设备	型号选择是否正确		

检查评价	班级		第　　组	组长签字	
	教师签字		日期		
	评语：				

6. 检测喇叭控制电路准备工作的评价单

学习场	检修电器与控制系统				
学习情境八	检测喇叭控制电路				
学时	0.1 学时				
典型工作过程描述	**准备工作**—查阅喇叭控制电路图—确认喇叭控制电路元件的安装位置—辨认喇叭控制电路引脚信息—检测喇叭控制电路—填写检测报告				
评价项目	评价子项目	学生自评	组内评价	教师评价	
喇叭控制电路元件作用	描述清楚				
喇叭控制电路组成、工作原理	描述清楚、完整				
检测仪器的使用方法	参数单位和仪器菜单、挡位的选择正确				
准备工具与设备	型号选择正确				
评价的评价	班级		第 组	组长签字	
	教师签字		日期		
	评语:				

任务二 查阅喇叭控制电路图

1. 查阅喇叭控制电路图的资讯单

学习场	检修电器与控制系统
学习情境八	检测喇叭控制电路
学时	0.1 学时
典型工作过程描述	准备工作—**查阅喇叭控制电路图**—确认喇叭控制电路元件的安装位置—辨认喇叭控制电路引脚信息—检测喇叭控制电路—填写检测报告
搜集资讯的方式	线下图书与线上资源相结合。
资讯描述	1. 了解车辆基本信息有哪些。 2. 学会获取发动机型号。 3. 获取电路图的识读方法。
对学生的要求	1. 能确认车辆基本信息。 2. 能确认发动机型号。 3. 熟练查阅喇叭控制电路图。 4. 会绘制喇叭控制电路原理简图。 5. 能够养成 6S 规范作业习惯。 6. 能够培养团队意识、工匠精神、职业精神。
参考资料	《汽车电器系统检修》配套教材。

2. 查阅喇叭控制电路图的计划单

学习场	检修电器与控制系统		
学习情境八	检测喇叭控制电路		
学时	0.1 学时		
典型工作过程描述	准备工作—**查阅喇叭控制电路图**—确认喇叭控制电路元件的安装位置—辨认喇叭控制电路引脚信息—检测喇叭控制电路—填写检测报告		
计划制订的方式	小组讨论。		
序 号	工 作 步 骤	注 意 事 项	
1	确认车辆基本信息。	准确核查车辆信息。	
2	确认发动机型号。	准确核查发动机信息。	
3	查阅喇叭控制电路电路图。	型号、页码、章节选择正确。	
4	绘制喇叭控制电路原理简图。	引脚信息标注正确。	
计划评价	班级		第 组	组长签字
	教师签字		日期	
	评语:			

3. 查阅喇叭控制电路图的决策单

学习场	检修电器与控制系统				
学习情境八	检测喇叭控制电路				
学时	0.1 学时				
典型工作过程描述	准备工作—**查阅喇叭控制电路图**—确认喇叭控制电路元件的安装位置—辨认喇叭控制电路引脚信息—检测喇叭控制电路—填写检测报告				
	计 划 对 比				
序 号	计划的可行性	计划的经济性	计划的可操作性	计划的实施难度	综合评价
1					
2					
3					
4					
决策评价	班级		第 组		组长签字
	教师签字		日期		
	评语:				

4. 查阅喇叭控制电路图的实施单

学习场	检修电器与控制系统
学习情境八	检测喇叭控制电路
学时	0.1学时
典型工作过程描述	准备工作—**查阅喇叭控制电路图**—确认喇叭控制电路元件的安装位置—辨认喇叭控制电路引脚信息—检测喇叭控制电路—填写检测报告

序号	实施步骤	注意事项
1	确认车辆基本信息。 记录：	准确核查车辆信息。
2	确认发动机型号。 记录：	准确核查发动机信息。
3	查阅喇叭控制电路图。 记录：	型号、页码、章节选择正确。
4	绘制喇叭控制电路原理简图。 记录：	引脚信息标注正确。

实施说明：					
实施评价	班级		第　组	组长签字	
	教师签字		日期		
	评语：				

5. 查阅喇叭控制电路图的检查单

学习场	检修电器与控制系统
学习情境八	检测喇叭控制电路
学时	0.1学时
典型工作过程描述	准备工作—**查阅喇叭控制电路图**—确认喇叭控制电路元件的安装位置—辨认喇叭控制电路引脚信息—检测喇叭控制电路—填写检测报告

学习情境八 检测喇叭控制电路

序 号	检查项目	检查标准	学生自查	教师检查
1	确认车辆基本信息	准确核查车辆信息		
2	确认发动机型号	准确核查发动机信息		
3	查阅喇叭控制电路图	型号、页码、章节选择正确		
4	绘制喇叭控制电路原理简图	引脚信息标注正确		
检查评价	班级		第 组	组长签字
	教师签字		日期	
	评语:			

6. 查阅喇叭控制电路图的评价单

学习场	检修电器与控制系统			
学习情境八	检测喇叭控制电路			
学时	0.1学时			
典型工作过程描述	准备工作—**查阅喇叭控制电路图**—确认喇叭控制电路元件的安装位置—辨认喇叭控制电路引脚信息—检测喇叭控制电路—填写检测报告			
评价项目	评价子项目	学生自评	组内评价	教师评价
确认车辆基本信息	车辆基本信息是否正确			
确认发动机型号	发动机型号是否正确			
查阅喇叭控制电路图	查阅方法是否正确、完整			
绘制喇叭控制电路原理简图	电路原理简图是否正确			
评价的评价	班级		第 组	组长签字
	教师签字		日期	
	评语:			

任务三 确认喇叭控制电路元件的安装位置

1. 确认喇叭控制电路元件的安装位置的资讯单

学习场	检修电器与控制系统
学习情境八	检测喇叭控制电路
学时	0.2学时
典型工作过程描述	准备工作—查阅喇叭控制电路图—**确认喇叭控制电路元件的安装位置**—辨认喇叭控制电路引脚信息—检测喇叭控制电路—填写检测报告
搜集资讯的方式	线下图书与线上资源相结合。
资讯描述	1. 查阅维修手册。 2. 确认车辆信息。

检修汽车电子电气与空调系统

对学生的要求	1. 能正确查阅维修手册。 2. 能正确确认喇叭控制电路元件的安装位置。 3. 能够养成 6S 规范作业习惯。 4. 能够培养团队意识、工匠精神、职业精神。
参考资料	《汽车电器系统检修》配套教材。

2. 确认喇叭控制电路元件的安装位置的计划单

学习场	检修电器与控制系统		
学习情境八	检测喇叭控制电路		
学时	0.2 学时		
典型工作过程描述	准备工作—查阅喇叭控制电路图—**确认喇叭控制电路元件的安装位置**—辨认喇叭控制电路引脚信息—检测喇叭控制电路—填写检测报告		
计划制订的方式	小组讨论。		
序 号	工 作 步 骤	注 意 事 项	
1	查阅维修手册。	章节、页码、型号选择正确。	
2	在车辆上辨认喇叭控制电路元件的安装位置。	指认位置正确。	
计划评价	班级		第 组	组长签字
	教师签字		日期	
	评语：			

3. 确认喇叭控制电路元件的安装位置的决策单

学习场	检修电器与控制系统				
学习情境八	检测喇叭控制电路				
学时	0.2 学时				
典型工作过程描述	准备工作—查阅喇叭控制电路图—**确认喇叭控制电路元件的安装位置**—辨认喇叭控制电路引脚信息—检测喇叭控制电路—填写检测报告				
计 划 对 比					
序 号	计划的可行性	计划的经济性	计划的可操作性	计划的实施难度	综合评价
1					
2					
3					
4					
决策评价	班级		第 组	组长签字	
	教师签字		日期		
	评语：				

学习情境八 检测喇叭控制电路

4. 确认喇叭控制电路元件的安装位置的实施单

学习场	检修电器与控制系统		
学习情境八	检测喇叭控制电路		
学时	0.2 学时		
典型工作过程描述	准备工作—查阅喇叭控制电路图—**确认喇叭控制电路元件的安装位置**—辨认喇叭控制电路引脚信息—检测喇叭控制电路—填写检测报告		
序　号	实 施 步 骤	注 意 事 项	
1	查阅维修手册。 **记录:**	章节、页码、型号选择正确。	
2	在车辆上辨认喇叭控制电路元件的安装位置。 **记录:**	指认位置正确。	
实施说明：			
实施评价	班级	第　　组	组长签字
	教师签字	日期	
	评语：		

5. 确认喇叭控制电路元件的安装位置的检查单

学习场	检修电器与控制系统		
学习情境八	检测喇叭控制电路		
学时	0.2 学时		
典型工作过程描述	准备工作—查阅喇叭控制电路图—**确认喇叭控制电路元件的安装位置**—辨认喇叭控制电路引脚信息—检测喇叭控制电路—填写检测报告		
序　号	检 查 项 目	检 查 标 准	学 生 自 查	教 师 检 查
1	查阅维修手册	章节、页码、型号是否选择正确		
2	在车辆上辨认喇叭控制电路元件的安装位置	指认位置是否正确		
检查评价	班级	第　　组	组长签字	
	教师签字	日期		
	评语：			

6. 确认喇叭控制电路元件的安装位置的评价单

学习场	检修电器与控制系统			
学习情境八	检测喇叭控制电路			
学时	0.2 学时			
典型工作过程描述	准备工作—查阅喇叭控制电路图—**确认喇叭控制电路元件的安装位置**—辨认喇叭控制电路引脚信息—检测喇叭控制电路—填写检测报告			
评价项目	评价子项目	学生自评	组内评价	教师评价
作业流程完整性	作业流程是否完整			
作业流程规范性	作业流程是否规范			
评价的评价	班级		第　　组	组长签字
	教师签字		日期	
	评语：			

任务四　辨认喇叭控制电路引脚信息

1. 辨认喇叭控制电路引脚信息的资讯单

学习场	检修电器与控制系统
学习情境八	检测喇叭控制电路
学时	0.2 学时
典型工作过程描述	准备工作—查阅喇叭控制电路图—确认喇叭控制电路元件的安装位置—**辨认喇叭控制电路引脚信息**—检测喇叭控制电路—填写检测报告
搜集资讯的方式	线下图书与线上资源相结合。
资讯描述	1. 维修手册。 2. 喇叭控制电路元件插头引脚。
对学生的要求	1. 熟练使用维修资料。 2. 能正确辨认喇叭插头引脚。 3. 能正确辨认喇叭控制开关插头引脚。 4. 能正确辨认线束颜色。 5. 能够养成 6S 规范作业习惯。 6. 能够培养团队意识、工匠精神、职业精神。
参考资料	《汽车电器系统检修》配套教材。

学习情境八　检测喇叭控制电路

2. 辨认喇叭控制电路引脚信息的计划单

学习场	检修电器与控制系统			
学习情境八	检测喇叭控制电路			
学时	0.2学时			
典型工作过程描述	准备工作—查阅喇叭控制电路图—确认喇叭控制电路元件的安装位置—**辨认喇叭控制电路引脚信息**—检测喇叭控制电路—填写检测报告			
计划制订的方式	小组讨论。			
序　号	工　作　步　骤		注 意 事 项	
1	查阅维修电路图。		页码、章节、型号选择正确。	
2	拆下喇叭及控制开关插头。		拆卸方法正确。	
3	对比维修资料中的引脚信息。		信息正确。	
4	辨认线束颜色。		颜色正确。	
计划评价	班级		第　　组	组长签字
	教师签字		日期	
	评语：			

3. 辨认喇叭控制电路引脚信息的决策单

学习场	检修电器与控制系统				
学习情境八	检测喇叭控制电路				
学时	0.2学时				
典型工作过程描述	准备工作—查阅喇叭控制电路图—确认喇叭控制电路元件的安装位置—**辨认喇叭控制电路引脚信息**—检测喇叭控制电路—填写检测报告				
	计　划　对　比				
序　号	计划的可行性	计划的经济性	计划的可操作性	计划的实施难度	综合评价
1					
2					
3					
4					
决策评价	班级		第　　组		组长签字
	教师签字		日期		
	评语：				

检修汽车电子电气与空调系统

4. 辨认喇叭控制电路引脚信息的实施单

学习场	检修电器与控制系统
学习情境八	检测喇叭控制电路
学时	0.2 学时
典型工作过程描述	准备工作—查阅喇叭控制电路图—确认喇叭控制电路元件的安装位置—**辨认喇叭控制电路引脚信息**—检测喇叭控制电路—填写检测报告

序 号	实 施 步 骤	注 意 事 项
1	查阅维修电路图。 **记录:**	页码、章节、型号选择正确。
2	拆下喇叭及控制开关插头。 **记录:**	拆卸方法正确。
3	对比维修资料中的引脚信息。 **记录:**	信息正确。
4	辨认线束颜色。 **记录:**	颜色正确。

实施说明:

实施评价	班级		第 组	组长签字	
	教师签字		日期		
	评语:				

5. 辨认喇叭控制电路引脚信息的检查单

学习场	检修电器与控制系统			
学习情境八	检测喇叭控制电路			
学时	0.2 学时			
典型工作过程描述	准备工作—查阅喇叭控制电路图—确认喇叭控制电路元件的安装位置—**辨认喇叭控制电路引脚信息**—检测喇叭控制电路—填写检测报告			
序号	检查项目	检查标准	学生自查	教师检查
1	查阅维修电路图	页码、章节、型号是否选择正确		
2	拆下喇叭及控制开关插头	拆卸方法是否正确		
3	对比维修资料中的引脚信息	信息是否正确		
4	辨认线束颜色			
检查评价	班级		第 组	组长签字
	教师签字		日期	
	评语:			

6. 辨认喇叭控制电路引脚信息的评价单

学习场	检修电器与控制系统			
学习情境八	检测喇叭控制电路			
学时	0.2 学时			
典型工作过程描述	准备工作—查阅喇叭控制电路图—确认喇叭控制电路元件的安装位置—**辨认喇叭控制电路引脚信息**—检测喇叭控制电路—填写检测报告			
评价项目	评价子项目	学生自评	组内评价	教师评价
作业流程完整性	作业流程是否完整			
作业流程规范性	作业流程是否规范			
信息记录准确性	信息记录是否完整、准确			
6S 管理	是否做到 6S 管理			
评价的评价	班级		第 组	组长签字
	教师签字		日期	
	评语:			

任务五 检测喇叭控制电路

1. 检测喇叭控制电路的资讯单

学习场	检修电器与控制系统
学习情境八	检测喇叭控制电路
学时	0.2 学时
典型工作过程描述	准备工作—查阅喇叭控制电路图—确认喇叭控制电路元件的安装位置—辨认喇叭控制电路引脚信息—**检测喇叭控制电路**—填写检测报告
搜集资讯的方式	线下图书与线上资源相结合。
资讯描述	1. 维修手册。 2. 喇叭控制电路元件插头引脚信息。 3. 引脚与接地电压的标准值、标准波形。 4. 信号引脚与接地之间标准波形。
对学生的要求	1. 熟练使用维修手册。 2. 检测喇叭控制电路方法正确、规范。 3. 正确使用测量仪表。 4. 能够养成 6S 规范作业习惯。
参考资料	《汽车电器系统检修》配套教材。

2. 检测喇叭控制电路的计划单

学习场	检修电器与控制系统	
学习情境八	检测喇叭控制电路	
学时	0.2 学时	
典型工作过程描述	准备工作—查阅喇叭控制电路图—确认喇叭控制电路元件的安装位置—辨认喇叭控制电路引脚信息—**检测喇叭控制电路**—填写检测报告	
计划制订的方式	小组讨论。	
序号	工作步骤	注意事项
1	找到所测的保险丝、引脚。	所测引脚正确。
2	检测保险丝两端电压、电阻。	检测方法正确、读数准确。
3	检测喇叭及控制开关接地电压、供电电压、信号电压。	检测方法正确、读数准确。
4	检测喇叭控制开关信号标准波形。	仪器连接正确,菜单、参数设置正确。
5	记录检测数据、绘制波形。	数据、单位正确。
计划评价	班级　　　　　第　　组　　组长签字 教师签字　　　　　日期 评语:	

3. 检测喇叭控制电路的决策单

学习场	检修电器与控制系统				
学习情境八	检测喇叭控制电路				
学时	0.2学时				
典型工作过程描述	准备工作—查阅喇叭控制电路图—确认喇叭控制电路元件的安装位置—辨认喇叭控制电路引脚信息—检测喇叭控制电路—填写检测报告				
计 划 对 比					
序 号	计划的可行性	计划的经济性	计划的可操作性	计划的实施难度	综 合 评 价
1					
2					
3					
4					
决策评价	班级		第 组	组长签字	
	教师签字		日期		
	评语:				

4. 检测喇叭控制电路的实施单

学习场	检修电器与控制系统	
学习情境八	检测喇叭控制电路	
学时	0.2学时	
典型工作过程描述	准备工作—查阅喇叭控制电路图—确认喇叭控制电路元件的安装位置—辨认喇叭控制电路引脚信息—检测喇叭控制电路—填写检测报告	
序 号	实 施 步 骤	注 意 事 项
1	找到所测的保险丝、引脚。 记录:	所测引脚正确。
2	检测保险丝两端电压、电阻。 记录:	检测方法正确、读数准确。
3	检测喇叭及控制开关接地电压、供电电压、信号电压。 记录:	检测方法正确、读数准确。

4	检测喇叭控制开关信号标准波形。 记录：	仪器连接正确，菜单、参数设置正确。
5	记录检测数据、绘制波形。 记录：	数据、单位正确。

实施说明：					
实施评价	班级		第　　组	组长签字	
	教师签字		日期		
	评语：				

5. 检测喇叭控制电路的检查单

学习场	检修电器与控制系统			
学习情境八	检测喇叭控制电路			
学时	0.2学时			
典型工作过程描述	准备工作—查阅喇叭控制电路图—确认喇叭控制电路元件的安装位置—辨认喇叭控制电路引脚信息—**检测喇叭控制电路**—填写检测报告			
序　号	检 查 项 目	检 查 标 准	学 生 自 查	教 师 检 查
1	找到所测的保险丝、引脚	所测引脚是否正确		
2	检测保险丝两端电压、电阻	检测方法是否正确、读数是否准确		
3	检测喇叭及控制开关接地电压、供电电压、信号电压	检测方法是否正确、读数是否准确		
4	检测喇叭控制开关信号标准波形	仪器连接是否正确，菜单、参数设置是否正确		
5	记录检测数据、绘制波形	数据、单位是否正确		

检查评价	班级		第　　组	组长签字	
	教师签字		日期		
	评语：				

学习情境八　检测喇叭控制电路

6. 检测喇叭控制电路的评价单

学习场	检修电器与控制系统			
学习情境八	检测喇叭控制电路			
学时	0.2 学时			
典型工作过程描述	准备工作—查阅喇叭控制电路图—确认喇叭控制电路元件的安装位置—辨认喇叭控制电路引脚信息—**检测喇叭控制电路**—填写检测报告			
评价项目	评价子项目	学生自评	组内评价	教师评价
作业流程完整性	作业流程是否完整			
作业流程规范性	作业流程是否规范			
信息记录完整准确性	信息记录是否完整、准确			
分析判断结果正确性	分析判断结果是否正确			
6S 管理	是否做到 6S 管理			
评价的评价	班级		第　组	组长签字
	教师签字		日期	
	评语：			

任务六　填写检测报告

1. 填写检测报告的资讯单

学习场	检修电器与控制系统
学习情境八	检测喇叭控制电路
学时	0.2 学时
典型工作过程描述	准备工作—查阅喇叭控制电路图—确认喇叭控制电路元件的安装位置—辨认喇叭控制电路引脚信息—检测喇叭控制电路—**填写检测报告**
搜集资讯的方式	线下图书与线上资源相结合。
资讯描述	1. 学会对比分析测量数据。 2. 提出正确的维修建议。
对学生的要求	1. 能够正确分析测量数据。 2. 能够提出正确的维修建议。 3. 能够养成 6S 规范作业习惯。
参考资料	《汽车电器系统检修》配套教材。

2. 填写检测报告的计划单

学习场	检修电器与控制系统			
学习情境八	检测喇叭控制电路			
学时	0.2 学时			
典型工作过程描述	准备工作—查阅喇叭控制电路图—确认喇叭控制电路元件的安装位置—辨认喇叭控制电路引脚信息—检测喇叭控制电路—**填写检测报告**			
计划制订的方式	小组讨论。			
序　号	工 作 步 骤		注 意 事 项	
1	对比分析测量数据。		分析正确、全面、透彻。	
2	提出正确的维修建议。		建议简单明了。	
计划评价	班级		第　　组	组长签字	
	教师签字		日期		
	评语：				

3. 填写检测报告的决策单

学习场	检修电器与控制系统				
学习情境八	检测喇叭控制电路				
学时	0.2 学时				
典型工作过程描述	准备工作—查阅喇叭控制电路图—确认喇叭控制电路元件的安装位置—辨认喇叭控制电路引脚信息—检测喇叭控制电路—**填写检测报告**				
	计 划 对 比				
序　号	计划的可行性	计划的经济性	计划的可操作性	计划的实施难度	综 合 评 价
1					
2					
3					
4					
决策评价	班级		第　　组	组长签字	
	教师签字		日期		
	评语：				

学习情境八　检测喇叭控制电路

4. 填写检测报告的实施单

学习场	检修电器与控制系统		
学习情境八	检测喇叭控制电路		
学时	0.2 学时		
典型工作过程描述	准备工作—查阅喇叭控制电路图—确认喇叭控制电路元件的安装位置—辨认喇叭控制电路引脚信息—检测喇叭控制电路—**填写检测报告**		
序　号	实 施 步 骤	注 意 事 项	
1	对比分析测量数据。 记录：	分析正确、全面、透彻。	
2	提出正确的维修建议。 记录：	建议简单明了。	
实施说明：			
实施评价	班级 　　　　　　　第　　组　　组长签字		
	教师签字 　　　　　　　日期		
	评语：		

5. 填写检测报告的检查单

学习场	检修电器与控制系统			
学习情境八	检测喇叭控制电路			
学时	0.2 学时			
典型工作过程描述	准备工作—查阅喇叭控制电路图—确认喇叭控制电路元件的安装位置—辨认喇叭控制电路引脚信息—检测喇叭控制电路—**填写检测报告**			
序　号	检 查 项 目	检 查 标 准	学 生 自 查	教 师 检 查
1	对比分析测量数据	数据分析是否正确、全面、透彻		
2	提出正确的维修建议	维修建议是否合理		
检查评价	班级 　　　　　　　第　　组　　组长签字			
	教师签字 　　　　　　　日期			
	评语：			

139

6. 填写检测报告的评价单

学习场	检修电器与控制系统				
学习情境八	检测喇叭控制电路				
学时	0.2 学时				
典型工作过程描述	准备工作—查阅喇叭控制电路图—确认喇叭控制电路元件的安装位置—辨认喇叭控制电路引脚信息—检测喇叭控制电路—**填写检测报告**				
评价项目	评价子项目	学生自评	组内评价	教师评价	
对比分析测量数据	测量数据分析是否全面、透彻				
提出正确的维修建议	维修建议是否合理				
评价的评价	班级		第 组	组长签字	
	教师签字		日期		
	评语:				

学习情境九　检测车窗升降开关电路

任务一　检测车窗升降开关电路的准备工作

1. 检测车窗升降开关电路准备工作的资讯单

学习场	检修电器与控制系统
学习情境九	检测车窗升降开关电路
学时	0.1 学时
典型工作过程描述	准备工作—查阅车窗升降开关电路图—确认车窗升降开关电路元件安装位置—辨认车窗升降开关电路引脚信息—检测车窗升降开关波形—填写检测报告
搜集资讯的方式	线下图书与线上资源相结合。
资讯描述	1. 车窗升降开关作用。 2. 车窗升降开关电路工作原理。 3. 检测仪器的使用方法。
对学生的要求	1. 掌握车窗升降开关作用的知识。 2. 掌握车窗升降开关电路组成、工作原理。 3. 掌握检测仪器的使用方法。 4. 准备工具与设备。 5. 能够养成 6S 规范作业习惯。 6. 能够培养团队意识、工匠精神、职业精神。
参考资料	《汽车电器系统检修》配套教材。

2. 检测车窗升降开关电路准备工作的计划单

学习场	检修电器与控制系统	
学习情境九	检测车窗升降开关电路	
学时	0.1 学时	
典型工作过程描述	准备工作—查阅车窗升降开关电路图—确认车窗升降开关电路元件安装位置—辨认车窗升降开关电路引脚信息—检测车窗升降开关波形—填写检测报告	
计划制订的方式	小组讨论。	
序号	工作步骤	注意事项
1	车窗升降开关的作用。	描述清楚。
2	车窗升降开关电路组成、工作原理。	描述清楚、完整。
3	检测仪器的使用方法。	参数单位和仪器菜单、挡位的选择。
4	准备工具与设备。	型号选择正确。

检修汽车电子电气与空调系统

计划评价	班级		第　组		组长签字	
	教师签字			日期		
	评语：					

3. 检测车窗升降开关电路准备工作的决策单

学习场	检修电器与控制系统
学习情境九	检测车窗升降开关电路
学时	0.1学时
典型工作过程描述	准备工作—查阅车窗升降开关电路图—确认车窗升降开关电路元件安装位置—辨认车窗升降开关电路引脚信息—检测车窗升降开关波形—填写检测报告

计　划　对　比					
序　号	计划的可行性	计划的经济性	计划的可操作性	计划的实施难度	综合评价
1					
2					
3					
4					

决策评价	班级		第　组		组长签字	
	教师签字			日期		
	评语：					

4. 检测车窗升降开关电路准备工作的实施单

学习场	检修电器与控制系统
学习情境九	检测车窗升降开关电路
学时	0.1学时
典型工作过程描述	准备工作—查阅车窗升降开关电路图—确认车窗升降开关电路元件安装位置—辨认车窗升降开关电路引脚信息—检测车窗升降开关波形—填写检测报告

序　号	实　施　步　骤	注　意　事　项
1	车窗升降开关作用。 记录：	描述清楚。
2	车窗升降开关电路组成、工作原理。 记录：	描述清楚、完整。

3	检测仪器的使用方法。 记录:		注意参数单位和仪器菜单、挡位的选择。	
4	准备工具与设备。 记录:		型号选择正确。	

实施说明:

实施评价	班级		第 组	组长签字	
	教师签字		日期		
	评语:				

5. 检测车窗升降开关电路准备工作的检查单

学习场	检修电器与控制系统			
学习情境九	检测车窗升降开关电路			
学时	0.1 学时			
典型工作 过程描述	准备工作—查阅车窗升降开关电路图—确认车窗升降开关电路元件安装位置—辨认车窗升降开关电路引脚信息—检测车窗升降开关波形—填写检测报告			
序 号	检 查 项 目	检 查 标 准	学生自查	教师检查
1	车窗升降开关的作用	是否描述清楚		
2	车窗升降开关电路组成、工作原理	是否描述清楚、完整		
3	检测仪器的使用方法	参数单位、菜单的选择是否正确		
4	准备工具与设备	型号选择是否正确		
检查评价	班级		第 组	组长签字	
	教师签字		日期		
	评语:				

6. 检测车窗升降开关电路准备工作的评价单

学习场	检修电器与控制系统			
学习情境九	检测车窗升降开关电路			
学时	0.1学时			
典型工作过程描述	准备工作—查阅车窗升降开关电路图—确认车窗升降开关电路元件安装位置—辨认车窗升降开关电路引脚信息—检测车窗升降开关波形—填写检测报告			
评价项目	评价子项目	学生自评	组内评价	教师评价
车窗升降开关电路元件作用	描述清楚			
车窗升降开关电路组成、工作原理	描述清楚、完整			
检测仪器的使用方法	参数单位和仪器菜单、挡位的选择正确			
准备工具与设备	型号选择正确			
评价的评价	班级		第 组	组长签字
	教师签字		日期	
	评语:			

任务二 查阅车窗升降开关电路图

1. 查阅车窗升降开关电路图的资讯单

学习场	检修电器与控制系统
学习情境九	检测车窗升降开关电路
学时	0.1学时
典型工作过程描述	准备工作—**查阅车窗升降开关电路图**—确认车窗升降开关电路元件安装位置—辨认车窗升降开关电路引脚信息—检测车窗升降开关波形—填写检测报告
搜集资讯的方式	线下图书与线上资源相结合。
资讯描述	1. 了解车辆基本信息有哪些。 2. 学会获取发动机型号。 3. 获取电路图的识读方法。
对学生的要求	1. 能确认车辆基本信息。 2. 能确认发动机型号。 3. 熟练查阅车窗升降开关电路图。 4. 会绘制车窗升降开关电路原理简图。 5. 能够养成6S规范作业习惯。 6. 能够培养团队意识、工匠精神、职业精神。
参考资料	《汽车电器系统检修》配套教材。

2. 查阅车窗升降开关电路图的计划单

学习场	检修电器与控制系统				
学习情境九	检测车窗升降开关电路				
学时	0.1学时				
典型工作过程描述	准备工作—**查阅车窗升降开关电路图**—确认车窗升降开关电路元件安装位置—辨认车窗升降开关电路引脚信息—检测车窗升降开关波形—填写检测报告				
计划制订的方式	小组讨论。				
序 号	工 作 步 骤		注 意 事 项		
1	确认车辆基本信息。		准确核查车辆信息。		
2	确认发动机型号。		准确核查发动机信息。		
3	查阅车窗升降开关电路图。		型号、页码、章节选择正确。		
4	绘制车窗升降开关电路原理简图。		引脚信息标注正确。		
计划评价	班级		第 组	组长签字	
	教师签字		日期		
	评语：				

3. 查阅车窗升降开关电路图的决策单

学习场	检修电器与控制系统				
学习情境九	检测车窗升降开关电路				
学时	0.1学时				
典型工作过程描述	准备工作—**查阅车窗升降开关电路图**—确认车窗升降开关电路元件安装位置—辨认车窗升降开关电路引脚信息—检测车窗升降开关波形—填写检测报告				
	计 划 对 比				
序 号	计划的可行性	计划的经济性	计划的可操作性	计划的实施难度	综 合 评 价
1					
2					
3					
4					
决策评价	班级		第 组	组长签字	
	教师签字		日期		
	评语：				

检修汽车电子电气与空调系统

4. 查阅车窗升降开关电路图的实施单

学习场	检修电器与控制系统	
学习情境九	检测车窗升降开关电路	
学时	0.1 学时	
典型工作过程描述	准备工作—**查阅车窗升降开关电路图**—确认车窗升降开关电路元件安装位置—辨认车窗升降开关电路引脚信息—检测车窗升降开关波形—填写检测报告	
序 号	实 施 步 骤	注 意 事 项
1	确认车辆基本信息。 记录：	准确核查车辆信息。
2	确认发动机型号。 记录：	准确核查发动机信息。
3	查阅车窗升降开关电路图。 记录：	型号、页码、章节选择正确。
4	绘制车窗升降开关电路原理简图。 记录：	引脚信息标注正确。
实施说明：		
实施评价	班级　　　　　　　第　　组　　组长签字 教师签字　　　　　　　日期 评语：	

146

学习情境九　检测车窗升降开关电路

5. 查阅车窗升降开关电路图的检查单

学习场	检修电器与控制系统			
学习情境九	检测车窗升降开关电路			
学时	0.1 学时			
典型工作过程描述	准备工作—**查阅车窗升降开关电路图**—确认车窗升降开关电路元件安装位置—辨认车窗升降开关电路引脚信息—检测车窗升降开关波形—填写检测报告			
序　号	检查项目	检查标准	学生自查	教师检查
1	确认车辆基本信息	准确核查车辆信息		
2	确认发动机型号	准确核查发动机信息		
3	查阅车窗升降开关电路图	型号、页码、章节选择正确		
4	绘制车窗升降开关电路原理简图	引脚信息标注正确		
检查评价	班级		第　　组	组长签字
	教师签字		日期	
	评语：			

6. 查阅车窗升降开关电路图的评价单

学习场	检修电器与控制系统			
学习情境九	检测车窗升降开关电路			
学时	0.1 学时			
典型工作过程描述	准备工作—**查阅车窗升降开关电路图**—确认车窗升降开关电路元件安装位置—辨认车窗升降开关电路引脚信息—检测车窗升降开关波形—填写检测报告			
评价项目	评价子项目	学生自评	组内评价	教师评价
确认车辆基本信息	车辆基本信息是否正确			
确认发动机型号	发动机型号是否正确			
查阅车窗升降开关电路图	查阅方法是否正确、完整			
绘制车窗升降开关电路原理简图	电路原理简图是否正确			
评价的评价	班级		第　　组	组长签字
	教师签字		日期	
	评语：			

任务三　确认车窗升降开关电路元件安装位置

1. 确认车窗升降开关电路元件安装位置的资讯单

学习场	检修电器与控制系统
学习情境九	检测车窗升降开关电路
学时	0.2 学时
典型工作过程描述	准备工作—查阅车窗升降开关电路图—**确认车窗升降开关电路元件安装位置**—辨认车窗升降开关电路引脚信息—检测车窗升降开关波形—填写检测报告
搜集资讯的方式	线下图书与线上资源相结合。
资讯描述	1. 查阅维修手册。 2. 确认车辆信息。
对学生的要求	1. 能正确查阅维修手册。 2. 能正确确认车窗升降开关电路元件的安装位置。 3. 能够养成 6S 规范作业习惯。 4. 能够培养团队意识、工匠精神、职业精神。
参考资料	《汽车电器系统检修》配套教材。

2. 确认车窗升降开关电路元件安装位置的计划单

学习场	检修电器与控制系统			
学习情境九	检测车窗升降开关电路			
学时	0.2 学时			
典型工作过程描述	准备工作—查阅车窗升降开关电路图—**确认车窗升降开关电路元件安装位置**—辨认车窗升降开关电路引脚信息—检测车窗升降开关波形—填写检测报告			
计划制订的方式	小组讨论。			
序　号	工　作　步　骤		注　意　事　项	
1	查阅维修手册。		章节、页码、型号选择正确。	
2	在车辆上辨认车窗升降开关电路元件的安装位置。		指认位置正确。	
计划评价	班级		第　　组	组长签字
	教师签字		日期	
	评语:			

3. 确认车窗升降开关电路元件安装位置的决策单

学习场	检修电器与控制系统
学习情境九	检测车窗升降开关电路
学时	0.2 学时
典型工作过程描述	准备工作—查阅车窗升降开关电路图—**确认车窗升降开关电路元件安装位置**—辨认车窗升降开关电路引脚信息—检测车窗升降开关电路—填写检测报告

计 划 对 比					
序 号	计划的可行性	计划的经济性	计划的可操作性	计划的实施难度	综 合 评 价
1					
2					
3					
4					
决策评价	班级		第 组	组长签字	
	教师签字		日期		
	评语:				

4. 确认车窗升降开关电路元件安装位置的实施单

学习场	检修电器与控制系统	
学习情境九	检测车窗升降开关电路	
学时	0.2 学时	
典型工作过程描述	准备工作—查阅车窗升降开关电路图—**确认车窗升降开关电路元件安装位置**—辨认车窗升降开关电路引脚信息—检测车窗升降开关波形—填写检测报告	
序 号	实 施 步 骤	注 意 事 项
1	查阅维修手册。 记录:	章节、页码、型号选择正确。
2	在车辆上辨认车窗升降开关电路元件的安装位置。 记录:	指认位置正确。
实施说明:		
实施评价	班级		第 组	组长签字	
	教师签字		日期		
	评语:		

5. 确认车窗升降开关电路元件安装位置的检查单

学习场	检修电器与控制系统			
学习情境九	检测车窗升降开关电路			
学时	0.2 学时			
典型工作过程描述	准备工作—查阅车窗升降开关电路图—**确认车窗升降开关电路元件安装位置**—辨认车窗升降开关电路引脚信息—检测车窗升降开关波形—填写检测报告			
序　号	检 查 项 目	检 查 标 准	学 生 自 查	教 师 检 查
1	查阅维修手册	章节、页码、型号是否选择正确		
2	在车辆上辨认车窗升降开关电路元件的安装位置	指认位置是否正确		
检查评价	班级		第　　组	组长签字	
	教师签字		日期		
	评语：				

6. 确认车窗升降开关电路元件安装位置的评价单

学习场	检修电器与控制系统			
学习情境九	检测车窗升降开关电路			
学时	0.2 学时			
典型工作过程描述	准备工作—查阅车窗升降开关电路图—**确认车窗升降开关电路元件安装位置**—辨认车窗升降开关电路引脚信息—检测车窗升降开关波形—填写检测报告			
评价项目	评价子项目	学 生 自 评	组 内 评 价	教 师 评 价
作业流程完整性	作业流程是否完整			
作业流程规范性	作业流程是否规范			
评价的评价	班级		第　　组	组长签字	
	教师签字		日期		
	评语：				

学习情境九 检测车窗升降开关电路

任务四　辨认车窗升降开关电路引脚信息

1. 辨认车窗升降开关电路引脚信息的资讯单

学习场	检修电器与控制系统
学习情境九	检测车窗升降开关电路
学时	0.2 学时
典型工作过程描述	准备工作—查阅车窗升降开关电路图—确认车窗升降开关电路元件安装位置—**辨认车窗升降开关电路引脚信息**—检测车窗升降开关波形—填写检测报告
搜集资讯的方式	线下图书与线上资源相结合。
资讯描述	1. 维修手册。 2. 车窗升降开关电路元件插头引脚。
对学生的要求	1. 熟练使用维修资料。 2. 能正确辨认升降开关插头引脚。 3. 能正确辨认线束颜色。 4. 能够养成 6S 规范作业习惯。 5. 能够培养团队意识、工匠精神、职业精神。
参考资料	《汽车电器系统检修》配套教材。

2. 辨认车窗升降开关电路引脚信息的计划单

学习场	检修电器与控制系统		
学习情境九	检测车窗升降开关电路		
学时	0.2 学时		
典型工作过程描述	准备工作—查阅车窗升降开关电路图—确认车窗升降开关电路元件安装位置—**辨认车窗升降开关电路引脚信息**—检测车窗升降开关波形—填写检测报告		
计划制订的方式	小组讨论。		
序　号	工　作　步　骤	注　意　事　项	
1	查阅维修电路图。	页码、章节、型号选择正确。	
2	拆下升降开关插头。	拆卸方法正确。	
3	对比维修资料中的引脚信息。	信息正确。	
4	辨认线束颜色。	颜色正确。	
计划评价	班级　　　　　　　　　第　　组　　　组长签字 教师签字　　　　　　　日期 评语：		

3. 辨认车窗升降开关电路引脚信息的决策单

学习场	检修电器与控制系统				
学习情境九	检测车窗升降开关电路				
学时	0.2学时				
典型工作过程描述	准备工作—查阅车窗升降开关电路图—确认车窗升降开关电路元件安装位置—**辨认车窗升降开关电路引脚信息**—检测车窗升降开关波形—填写检测报告				
计 划 对 比					
序 号	计划的可行性	计划的经济性	计划的可操作性	计划的实施难度	综 合 评 价
1					
2					
3					
4					
决策评价	班级		第 组	组长签字	
	教师签字		日期		
	评语：				

4. 辨认车窗升降开关电路引脚信息的实施单

学习场	检修电器与控制系统	
学习情境九	检测车窗升降开关电路	
学时	0.2学时	
典型工作过程描述	准备工作—查阅车窗升降开关电路图—确认车窗升降开关电路元件安装位置—**辨认车窗升降开关电路引脚信息**—检测车窗升降开关波形—填写检测报告	
序 号	实 施 步 骤	注 意 事 项
1	查阅维修电路图。	页码、章节、型号选择正确。
2	拆下升降开关插头。	拆卸方法正确。
3	对比维修资料中的引脚信息。	信息正确。
4	辨认线束颜色。	颜色正确。
实施说明：		
实施评价	班级	第 组	组长签字	
	教师签字		日期	
	评语：			

学习情境九 检测车窗升降开关电路

5. 辨认车窗升降开关电路引脚信息的检查单

学习场	检修电器与控制系统			
学习情境九	检测车窗升降开关电路			
学时	0.2 学时			
典型工作过程描述	准备工作—查阅车窗升降开关电路图—确认车窗升降开关电路元件安装位置—**辨认车窗升降开关电路引脚信息**—检测车窗升降开关波形—填写检测报告			
序 号	检 查 项 目	检 查 标 准	学 生 自 查	教 师 检 查
1	查阅维修电路图	页码、章节、型号是否选择正确		
2	拆下升降开关插头	拆卸方法是否正确		
3	对比维修资料中的引脚信息	信息是否正确		
4	辨认线束颜色			
检查评价	班级		第 组	组长签字
	教师签字		日期	
	评语：			

6. 辨认车窗升降开关电路引脚信息的评价单

学习场	检修电器与控制系统			
学习情境九	检测车窗升降开关电路			
学时	0.2 学时			
典型工作过程描述	准备工作—查阅车窗升降开关电路图—确认车窗升降开关电路元件安装位置—**辨认车窗升降开关电路引脚信息**—检测车窗升降开关波形—填写检测报告			
评 价 项 目	评价子项目	学 生 自 评	组 内 评 价	教 师 评 价
作业流程完整性	作业流程是否完整			
作业流程规范性	作业流程是否规范			
信息记录准确性	信息记录是否完整、准确			
6S 管理	是否做到 6S 管理			
评价的评价	班级		第 组	组长签字
	教师签字		日期	
	评语：			

任务五　检测车窗升降开关波形

1. 检测车窗升降开关波形的资讯单

学习场	检修电器与控制系统
学习情境九	检测车窗升降开关电路
学时	0.2 学时
典型工作过程描述	准备工作—查阅车窗升降开关电路图—确认车窗升降开关电路元件安装位置—辨认车窗升降开关电路引脚信息—**检测车窗升降开关波形**—填写检测报告
搜集资讯的方式	线下图书与线上资源相结合。
资讯描述	1．维修手册。 2．车窗升降开关电路元件插头引脚信息。 3．引脚与接地电压的标准值。 4．信号引脚与接地之间标准值。
对学生的要求	1．熟练使用维修手册。 2．检测车窗升降开关波形方法正确、规范。 3．正确使用测量仪表。 4．能够养成 6S 规范作业习惯。
参考资料	《汽车电器系统检修》配套教材。

2. 检测车窗升降开关波形的计划单

学习场	检修电器与控制系统		
学习情境九	检测车窗升降开关电路		
学时	0.2 学时		
典型工作过程描述	准备工作—查阅车窗升降开关电路图—确认车窗升降开关电路元件安装位置—辨认车窗升降开关电路引脚信息—**检测车窗升降开关波形**—填写检测报告		
计划制订的方式	小组讨论。		
序号	工作步骤	注意事项	
1	找到所测的保险丝、引脚。	所测引脚正确。	
2	检测保险丝两端电压、电阻。	检测方法正确、读数准确。	
3	检测升降开关接地电压、供电电压、信号电压。	检测方法正确、读数准确。	
4	检测升降开关信号标准波形。	仪器连接正确，菜单、参数设置正确。	
5	记录检测数据、绘制电路。	数据、单位正确。	
计划评价	班级　　　　　　　第　　组　　组长签字 教师签字　　　　　　　日期 评语：		

3. 检测车窗升降开关波形的决策单

学习场	检修电器与控制系统				
学习情境九	检测车窗升降开关电路				
学时	0.2 学时				
典型工作过程描述	准备工作—查阅车窗升降开关电路图—确认车窗升降开关电路元件安装位置—辨认车窗升降开关电路引脚信息—检测车窗升降开关波形—填写检测报告				
	计 划 对 比				
序 号	计划的可行性	计划的经济性	计划的可操作性	计划的实施难度	综 合 评 价
1					
2					
3					
4					
决策评价	班级		第 组	组长签字	
	教师签字		日期		
	评语：				

4. 检测车窗升降开关波形的实施单

学习场	检修电器与控制系统
学习情境九	检测车窗升降开关电路
学时	0.2 学时
典型工作过程描述	准备工作—查阅车窗升降开关电路图—确认车窗升降开关电路元件安装位置—辨认车窗升降开关电路引脚信息—**检测车窗升降开关波形**—填写检测报告
序 号	实 施 步 骤	注 意 事 项

序 号	实 施 步 骤	注 意 事 项
1	找到所测的保险丝、引脚。 记录：	所测引脚正确。
2	检测保险丝两端电压、电阻。 记录：	检测方法正确、读数准确。
3	检测升降开关接地电压、供电电压、信号电压。 记录：	检测方法正确、读数准确。

检修汽车电子电气与空调系统

4	检测升降开关信号标准波形。 记录：	仪器连接正确，菜单、参数设置正确。
5	记录检测数据、绘制电路。 记录：	数据、单位正确。

实施说明：

实施评价	班级		第　组		组长签字	
	教师签字		日期			
	评语：					

5. 检测车窗升降开关波形的检查单

学习场	检修电器与控制系统
学习情境九	检测车窗升降开关电路
学时	0.2 学时
典型工作过程描述	准备工作—查阅车窗升降开关电路图—确认车窗升降开关电路元件安装位置—辨认车窗升降开关电路引脚信息—**检测车窗升降开关波形**—填写检测报告

序　号	检查项目	检查标准	学生自查	教师检查
1	找到所测的保险丝、引脚	所测引脚是否正确		
2	检测保险丝两端电压、电阻	检测方法是否正确、读数是否准确		
3	检测升降开关接地电压、供电电压、信号电压	检测方法是否正确、读数是否准确		
4	检测升降开关信号标准波形	仪器连接是否正确，菜单、参数设置是否正确		
5	记录检测数据、绘制电路	数据、单位是否正确		

检查评价	班级		第　组		组长签字	
	教师签字		日期			
	评语：					

6. 检测车窗升降开关波形的评价单

学习场	检修电器与控制系统				
学习情境九	检测车窗升降开关电路				
学时	0.2 学时				
典型工作过程描述	准备工作—查阅车窗升降开关电路图—确认车窗升降开关电路元件安装位置—辨认车窗升降开关电路引脚信息—**检测车窗升降开关波形**—填写检测报告				
评价项目	评价子项目	学生自评	组内评价	教师评价	
作业流程完整性	作业流程是否完整				
作业流程规范性	作业流程是否规范				
信息记录完整准确性	信息记录是否完整、准确				
分析判断结果正确性	分析判断结果是否正确				
6S 管理	是否做到 6S 管理				
评价的评价	班级		第 组	组长签字	
	教师签字		日期		
	评语:				

任务六 填写检测报告

1. 填写检测报告的资讯单

学习场	检修电器与控制系统
学习情境九	检测车窗升降开关电路
学时	0.2 学时
典型工作过程描述	准备工作—查阅车窗升降开关电路图—确认车窗升降开关电路元件安装位置—辨认车窗升降开关电路引脚信息—检测车窗升降开关波形—**填写检测报告**
搜集资讯的方式	线下图书与线上资源相结合。
资讯描述	1. 学会对比分析测量数据。 2. 提出正确的维修建议。
对学生的要求	1. 能够正确分析测量数据。 2. 能够提出正确的维修建议。 3. 能够养成 6S 规范作业习惯。
参考资料	《汽车电器系统检修》配套教材。

2. 填写检测报告的计划单

学习场	检修电器与控制系统		
学习情境九	检测车窗升降开关电路		
学时	0.2学时		
典型工作过程描述	准备工作—查阅车窗升降开关电路图—确认车窗升降开关电路元件安装位置—辨认车窗升降开关电路引脚信息—检测车窗升降开关波形—**填写检测报告**		
计划制订的方式	小组讨论。		
序　号	工　作　步　骤	注　意　事　项	
1	对比分析测量数据。	分析正确、全面、透彻。	
2	提出正确的维修建议。	建议简单明了。	
计划评价	班级		第　　组	组长签字
	教师签字		日期	
	评语：			

3. 填写检测报告的决策单

学习场	检修电器与控制系统				
学习情境九	检测车窗升降开关电路				
学时	0.2学时				
典型工作过程描述	准备工作—查阅车窗升降开关电路图—确认车窗升降开关电路元件安装位置—辨认车窗升降开关电路引脚信息—检测车窗升降开关波形—**填写检测报告**				
计　划　对　比					
序　号	计划的可行性	计划的经济性	计划的可操作性	计划的实施难度	综　合　评　价
1					
2					
3					
4					
决策评价	班级		第　　组	组长签字	
	教师签字		日期		
	评语：				

学习情境九 检测车窗升降开关电路

4. 填写检测报告的实施单

学习场	检修电器与控制系统		
学习情境九	检测车窗升降开关电路		
学时	0.2 学时		
典型工作过程描述	准备工作—查阅车窗升降开关电路图—确认车窗升降开关电路元件安装位置—辨认车窗升降开关电路引脚信息—检测车窗升降开关波形—**填写检测报告**		
序 号	实 施 步 骤	注 意 事 项	
1	对比分析测量数据。 记录:	分析正确、全面、透彻。	
2	提出正确的维修建议。 记录:	建议简单明了。	
实施说明:			
实施评价	班级	第 组	组长签字
	教师签字	日期	
	评语:		

5. 填写检测报告的检查单

学习场	检修电器与控制系统			
学习情境九	检测车窗升降开关电路			
学时	0.2 学时			
典型工作过程描述	准备工作—查阅车窗升降开关电路图—确认车窗升降开关电路元件安装位置—辨认车窗升降开关电路引脚信息—检测车窗升降开关波形—**填写检测报告**			
序 号	检 查 项 目	检 查 标 准	学 生 自 查	教 师 检 查
1	对比分析测量数据	数据分析是否正确、全面、透彻		
2	提出正确的维修建议	维修建议是否合理		
检查评价	班级		第 组	组长签字
	教师签字		日期	
	评语:			

159

6. 填写检测报告的评价单

学习场	检修电器与控制系统				
学习情境九	检测车窗升降开关电路				
学时	0.2学时				
典型工作过程描述	准备工作—查阅车窗升降开关电路图—确认车窗升降开关电路元件安装位置—辨认车窗升降开关电路引脚信息—检测车窗升降开关波形—**填写检测报告**				
评 价 项 目	评 价 子 项 目	学 生 自 评	组 内 评 价	教 师 评 价	
对比分析测量数据	测量数据分析是否全面、透彻				
提出正确的维修建议	维修建议是否合理				
评价的评价	班级		第 组	组长签字	
	教师签字		日期		
	评语：				

学习情境十　检测后视镜控制电路

任务一　检测后视镜控制电路的准备工作

1. 检测后视镜控制电路准备工作的资讯单

学习场	检修电器与控制系统
学习情境十	检测后视镜控制电路
学时	0.1 学时
典型工作过程描述	**准备工作**—查阅后视镜控制电路图—确认后视镜控制电路元件安装位置—辨认后视镜控制电路引脚信息—检测后视镜控制电路—填写检测报告
搜集资讯的方式	线下图书与线上资源相结合。
资讯描述	1. 后视镜的作用。 2. 后视镜控制电路的工作原理。 3. 检测仪器的使用方法。
对学生的要求	1. 掌握后视镜作用的知识。 2. 掌握后视镜控制电路的组成、工作原理。 3. 掌握检测仪器的使用方法。 4. 准备工具与设备。 5. 能够养成 6S 规范作业习惯。 6. 能够培养团队意识、工匠精神、职业精神。
参考资料	《汽车电器系统检修》配套教材。

2. 检测后视镜控制电路准备工作的计划单

学习场	检修电器与控制系统	
学习情境十	检测后视镜控制电路	
学时	0.1 学时	
典型工作过程描述	**准备工作**—查阅后视镜控制电路图—确认后视镜控制电路元件安装位置—辨认后视镜控制电路引脚信息—检测后视镜控制电路—填写检测报告	
计划制订的方式	小组讨论。	
序　号	工 作 步 骤	注 意 事 项
1	后视镜的作用。	描述清楚。
2	后视镜控制电路的组成、工作原理。	描述清楚、完整。
3	检测仪器的使用方法。	参数单位和仪器菜单、挡位的选择。
4	准备工具与设备。	型号选择正确。

计划评价	班级		第 组	组长签字	
	教师签字		日期		
	评语：				

3. 检测后视镜控制电路准备工作的决策单

学习场	检修电器与控制系统				
学习情境十	检测后视镜控制电路				
学时	0.1 学时				
典型工作过程描述	准备工作—查阅后视镜控制电路图—确认后视镜控制电路元件安装位置—辨认后视镜控制电路引脚信息—检测后视镜控制电路—填写检测报告				
计 划 对 比					
序 号	计划的可行性	计划的经济性	计划的可操作性	计划的实施难度	综 合 评 价
1					
2					
3					
4					
决策评价	班级		第 组	组长签字	
	教师签字		日期		
	评语：				

4. 检测后视镜控制电路准备工作的实施单

学习场	检修电器与控制系统	
学习情境十	检测后视镜控制电路	
学时	0.1 学时	
典型工作过程描述	准备工作—查阅后视镜控制电路图—确认后视镜控制电路元件安装位置—辨认后视镜控制电路引脚信息—检测后视镜控制电路—填写检测报告	
序 号	实 施 步 骤	注 意 事 项
1	后视镜的作用。 记录：	描述清楚。
2	后视镜控制电路的组成、工作原理。 记录：	描述清楚、完整。

3	检测仪器的使用方法。 记录：	注意参数单位和仪器菜单、挡位的选择。
4	准备工具与设备。 记录：	型号选择正确。

实施说明：

实施评价	班级		第 组	组长签字	
	教师签字		日期		
	评语：				

5. 检测后视镜控制电路准备工作的检查单

学习场	检修电器与控制系统
学习情境十	检测后视镜控制电路
学时	0.1学时
典型工作过程描述	准备工作—查阅后视镜控制电路图—确认后视镜控制电路元件安装位置—辨认后视镜控制电路引脚信息—检测后视镜控制电路—填写检测报告

序 号	检 查 项 目	检 查 标 准	学生自查	教师检查
1	后视镜的作用	是否描述清楚		
2	后视镜控制电路的组成、工作原理	是否描述清楚、完整		
3	检测仪器的使用方法	参数单位、菜单的选择是否正确		
4	准备工具与设备	型号选择是否正确		

检查评价	班级		第 组	组长签字	
	教师签字		日期		
	评语：				

6. 检测后视镜控制电路准备工作的评价单

学习场	检修电器与控制系统			
学习情境十	检测后视镜控制电路			
学时	0.1 学时			
典型工作过程描述	准备工作—查阅后视镜控制电路图—确认后视镜控制电路元件安装位置—辨认后视镜控制电路引脚信息—检测后视镜控制电路—填写检测报告			
评价项目	评价子项目	学生自评	组内评价	教师评价
后视镜控制电路元件的作用	描述清楚			
后视镜控制电路的组成、工作原理	描述清楚、完整			
检测仪器的使用方法	参数单位和仪器菜单、挡位的选择正确			
准备工具与设备	型号选择正确			
评价的评价	班级		第 组	组长签字
	教师签字		日期	
	评语:			

任务二 查阅后视镜控制电路图

1. 查阅后视镜控制电路图的资讯单

学习场	检修电器与控制系统
学习情境十	检测后视镜控制电路
学时	0.1 学时
典型工作过程描述	准备工作—**查阅后视镜控制电路图**—确认后视镜控制电路元件安装位置—辨认后视镜控制电路引脚信息—检测后视镜控制电路—填写检测报告
搜集资讯的方式	线下图书与线上资源相结合。
资讯描述	1. 了解车辆基本信息有哪些。 2. 学会获取发动机型号。 3. 获取电路图的识读方法。
对学生的要求	1. 能确认车辆基本信息。 2. 能确认发动机型号。 3. 能熟练查阅后视镜控制电路图。 4. 会绘制后视镜控制电路原理简图。 5. 能够养成 6S 规范作业习惯。 6. 能够培养团队意识、工匠精神、职业精神。
参考资料	《汽车电器系统检修》配套教材。

2. 查阅后视镜控制电路图的计划单

学习场	检修电器与控制系统			
学习情境十	检测后视镜控制电路			
学时	0.1 学时			
典型工作过程描述	准备工作—**查阅后视镜控制电路图**—确认后视镜控制电路元件安装位置—辨认后视镜控制电路引脚信息—检测后视镜控制电路—填写检测报告			
计划制订的方式	小组讨论。			
序 号	工 作 步 骤		注 意 事 项	
1	确认车辆的基本信息。		准确核查车辆信息。	
2	确认发动机型号。		准确核查发动机信息。	
3	查阅后视镜控制电路图。		型号、页码、章节选择正确。	
4	绘制后视镜控制电路原理简图。		引脚信息标注正确。	
计划评价	班级		第 组	组长签字	
	教师签字		日期		
	评语:			

3. 查阅后视镜控制电路图的决策单

学习场	检修电器与控制系统				
学习情境十	检测后视镜控制电路				
学时	0.1 学时				
典型工作过程描述	准备工作—**查阅后视镜控制电路图**—确认后视镜控制电路元件安装位置—辨认后视镜控制电路引脚信息—检测后视镜控制电路—填写检测报告				
	计 划 对 比				
序 号	计划的可行性	计划的经济性	计划的可操作性	计划的实施难度	综 合 评 价
1					
2					
3					
4					
决策评价	班级		第 组	组长签字	
	教师签字		日期		
	评语:				

4. 查阅后视镜控制电路图的实施单

学习场	检修电器与控制系统
学习情境十	检测后视镜控制电路
学时	0.1 学时
典型工作过程描述	准备工作—**查阅后视镜控制电路图**—确认后视镜控制电路元件安装位置—辨认后视镜控制电路引脚信息—检测后视镜控制电路—填写检测报告

序　号	实 施 步 骤	注 意 事 项
1	确认车辆的基本信息。 记录：	准确核查车辆信息。
2	确认发动机型号。 记录：	准确核查发动机信息。
3	查阅后视镜控制电路图。 记录：	型号、页码、章节选择正确。
4	绘制后视镜控制电路原理简图。 记录：	引脚信息标注正确。

实施说明：

实施评价	班级		第　组	组长签字	
	教师签字		日期		
	评语：				

5. 查阅后视镜控制电路图的检查单

学习场	检修电器与控制系统			
学习情境十	检测后视镜控制电路			
学时	0.1 学时			
典型工作过程描述	准备工作—**查阅后视镜控制电路图**—确认后视镜控制电路元件安装位置—辨认后视镜控制电路引脚信息—检测后视镜控制电路—填写检测报告			
序 号	检 查 项 目	检 查 标 准	学 生 自 查	教 师 检 查
1	确认车辆基本信息	准确核查车辆信息		
2	确认发动机型号	准确核查发动机信息		
3	查阅后视镜控制电路图	型号、页码、章节选择正确		
4	绘制后视镜控制电路原理简图	引脚信息标注正确		
检查评价	班级		第 组	组长签字
	教师签字		日期	
	评语：			

6. 查阅后视镜控制电路图的评价单

学习场	检修电器与控制系统				
学习情境十	检测后视镜控制电路				
学时	0.1 学时				
典型工作过程描述	准备工作—**查阅后视镜控制电路图**—确认后视镜控制电路元件安装位置—辨认后视镜控制电路引脚信息—检测后视镜控制电路—填写检测报告				
评价项目	评价子项目	学 生 自 评	组 内 评 价	教 师 评 价	
确认车辆基本信息	车辆基本信息是否正确				
确认发动机型号	发动机型号是否正确				
查阅后视镜控制电路图	查阅方法是否正确、完整				
绘制后视镜控制电路原理简图	电路原理简图是否正确				
评价的评价	班级		第 组	组长签字	
	教师签字		日期		
	评语：				

任务三　确认后视镜控制电路元件安装位置

1. 确认后视镜控制电路元件安装位置的资讯单

学习场	检修电器与控制系统
学习情境十	检测后视镜控制电路
学时	0.2 学时
典型工作过程描述	准备工作—查阅后视镜控制电路图—**确认后视镜控制电路元件安装位置**—辨认后视镜控制电路引脚信息—检测后视镜控制电路—填写检测报告
搜集资讯的方式	线下图书与线上资源相结合。
资讯描述	1. 查阅维修手册。 2. 确认车辆信息。
对学生的要求	1. 能正确查阅维修手册。 2. 能正确确认后视镜控制电路元件的安装位置。 3. 能够养成 6S 规范作业习惯。 4. 能够培养团队意识、工匠精神、职业精神。
参考资料	《汽车电器系统检修》配套教材。

2. 确认后视镜控制电路元件安装位置的计划单

学习场	检修电器与控制系统		
学习情境十	检测后视镜控制电路		
学时	0.2 学时		
典型工作过程描述	准备工作—查阅后视镜控制电路图—**确认后视镜控制电路元件安装位置**—辨认后视镜控制电路引脚信息—检测后视镜控制电路—填写检测报告		
计划制订的方式	小组讨论。		
序号	工作步骤	注意事项	
1	查阅维修手册。	章节、页码、型号选择正确。	
2	在车辆上辨认后视镜控制电路元件的安装位置。	指认位置正确。	
计划评价	班级　　　　　　　　　　第　　组　　组长签字		
	教师签字　　　　　　　　日期		
	评语：		

学习情境十　检测后视镜控制电路

3. 确认后视镜控制电路元件安装位置的决策单

学习场	检修电器与控制系统			
学习情境十	检测后视镜控制电路			
学时	0.2 学时			
典型工作过程描述	准备工作—查阅后视镜控制电路图—**确认后视镜控制电路元件安装位置**—辨认后视镜控制电路引脚信息—检测后视镜控制电路—填写检测报告			
计 划 对 比				
序　号	计划的可行性	计划的经济性	计划的可操作性	计划的实施难度	综 合 评 价
1					
2					
3					
4					
决策评价	班级		第　　　组	组长签字	
	教师签字		日期		
	评语：				

4. 确认后视镜控制电路元件安装位置的实施单

学习场	检修电器与控制系统	
学习情境十	检测后视镜控制电路	
学时	0.2 学时	
典型工作过程描述	准备工作—查阅后视镜控制电路图—**确认后视镜控制电路元件安装位置**—辨认后视镜控制电路引脚信息—检测后视镜控制电路—填写检测报告	
序　号	实 施 步 骤	注 意 事 项
1	查阅维修手册。 记录：	章节、页码、型号选择正确。
2	在车辆上辨认后视镜控制电路元件的安装位置。 记录：	指认位置正确。
实施说明：		
实施评价	班级		第　　　组	组长签字	
	教师签字		日期		
	评语：				

5. 确认后视镜控制电路元件安装位置的检查单

学习场	检修电器与控制系统			
学习情境十	检测后视镜控制电路			
学时	0.2学时			
典型工作过程描述	准备工作—查阅后视镜控制电路图—**确认后视镜控制电路元件安装位置**—辨认后视镜控制电路引脚信息—检测后视镜控制电路—填写检测报告			
序 号	检 查 项 目	检 查 标 准	学生自查	教师检查
1	查阅维修手册	章节、页码、型号是否选择正确		
2	在车辆上辨认后视镜控制电路元件的安装位置	指认位置是否正确		
检查评价	班级		第 组	组长签字	
	教师签字		日期		
	评语:				

6. 确认后视镜控制电路元件安装位置的评价单

学习场	检修电器与控制系统			
学习情境十	检测后视镜控制电路			
学时	0.2学时			
典型工作过程描述	准备工作—查阅后视镜控制电路图—**确认后视镜控制电路元件安装位置**—辨认后视镜控制电路引脚信息—检测后视镜控制电路—填写检测报告			
评 价 项 目	评价子项目	学 生 自 评	组内评价	教 师 评 价
作业流程完整性	作业流程是否完整			
作业流程规范性	作业流程是否规范			
评价的评价	班级		第 组	组长签字	
	教师签字		日期		
	评语:				

学习情境十 检测后视镜控制电路

任务四　辨认后视镜控制电路引脚信息

1. 辨认后视镜控制电路引脚信息的资讯单

学习场	检修电器与控制系统
学习情境十	检测后视镜控制电路
学时	0.2 学时
典型工作过程描述	准备工作—查阅后视镜控制电路图—确认后视镜控制电路元件安装位置—**辨认后视镜控制电路引脚信息**—检测后视镜控制电路—填写检测报告
搜集资讯的方式	线下图书与线上资源相结合。
资讯描述	1. 维修手册。 2. 后视镜控制电路元件插头引脚。
对学生的要求	1. 熟练使用维修资料。 2. 能正确辨认后视镜插头引脚。 3. 能正确辨认后视镜控制开关插头引脚。 4. 能正确辨认线束颜色。 5. 能够养成 6S 规范作业习惯。 6. 能够培养团队意识、工匠精神、职业精神。
参考资料	《汽车电器系统检修》配套教材。

2. 辨认后视镜控制电路引脚信息的计划单

学习场	检修电器与控制系统		
学习情境十	检测后视镜控制电路		
学时	0.2 学时		
典型工作过程描述	准备工作—查阅后视镜控制电路图—确认后视镜控制电路元件安装位置—**辨认后视镜控制电路引脚信息**—检测后视镜控制电路—填写检测报告		
计划制订的方式	小组讨论。		
序号	工作步骤	注意事项	
1	查阅维修电路图。	页码、章节、型号选择正确。	
2	拆下后视镜及控制开关插头。	拆卸方法正确。	
3	对比维修资料中的引脚信息。	信息正确。	
4	辨认线束颜色。	颜色正确。	
计划评价	班级　　　　　　第　　组　　组长签字 教师签字　　　　　　日期 评语：		

171

3. 辨认后视镜控制电路引脚信息的决策单

学习场	检修电器与控制系统				
学习情境十	检测后视镜控制电路				
学时	0.2 学时				
典型工作过程描述	准备工作—查阅后视镜控制电路图—确认后视镜控制电路元件安装位置—**辨认后视镜控制电路引脚信息**—检测后视镜控制电路—填写检测报告				
计 划 对 比					
序 号	计划的可行性	计划的经济性	计划的可操作性	计划的实施难度	综 合 评 价
1					
2					
3					
4					
决策评价	班级		第 组	组长签字	
	教师签字		日期		
	评语:				

4. 辨认后视镜控制电路引脚信息的实施单

学习场	检修电器与控制系统
学习情境十	检测后视镜控制电路
学时	0.2 学时
典型工作过程描述	准备工作—查阅后视镜控制电路图—确认后视镜控制电路元件安装位置—**辨认后视镜控制电路引脚信息**—检测后视镜控制电路—填写检测报告

序 号	实 施 步 骤	注 意 事 项
1	查阅维修电路图。 记录:	页码、章节、型号选择正确。
2	拆下后视镜及控制开关插头。 记录:	拆卸方法正确。
3	对比维修资料中的引脚信息。 记录:	信息正确。

学习情境十 检测后视镜控制电路

	4	辨认线束颜色。 记录：		颜色正确。	

实施说明：					

实施评价	班级		第　　组	组长签字	
	教师签字		日期		
	评语：				

5. 辨认后视镜控制电路引脚信息的检查单

学习场	检修电器与控制系统
学习情境十	检测后视镜控制电路
学时	0.2 学时
典型工作过程描述	准备工作—查阅后视镜控制电路图—确认后视镜控制电路元件安装位置—**辨认后视镜控制电路引脚信息**—检测后视镜控制电路—填写检测报告

序　号	检查项目	检查标准	学生自查	教师检查
1	查阅维修电路图	页码、章节、型号是否选择正确		
2	拆下后视镜及控制开关插头	拆卸方法是否正确		
3	对比维修资料中的引脚信息	信息是否正确		
4	辨认线束颜色	颜色是否正确		

检查评价	班级		第　　组	组长签字	
	教师签字		日期		
	评语：				

173

6. 辨认后视镜控制电路引脚信息的评价单

学习场	检修电器与控制系统			
学习情境十	检测后视镜控制电路			
学时	0.2 学时			
典型工作过程描述	准备工作—查阅后视镜控制电路图—确认后视镜控制电路元件安装位置—**辨认后视镜控制电路引脚信息**—检测后视镜控制电路—填写检测报告			
评价项目	评价子项目	学生自评	组内评价	教师评价
作业流程完整性	作业流程是否完整			
作业流程规范性	作业流程是否规范			
信息记录准确性	信息记录是否完整、准确			
6S 管理	是否做到 6S 管理			
评价的评价	班级		第 组	组长签字
	教师签字		日期	
	评语:			

任务五 检测后视镜控制电路

1. 检测后视镜控制电路的资讯单

学习场	检修电器与控制系统
学习情境十	检测后视镜控制电路
学时	0.2 学时
典型工作过程描述	准备工作—查阅后视镜控制电路图—确认后视镜控制电路元件安装位置—辨认后视镜控制电路引脚信息—**检测后视镜控制电路**—填写检测报告
搜集资讯的方式	线下图书与线上资源相结合。
资讯描述	1. 维修手册。 2. 后视镜控制电路元件插头引脚信息。 3. 引脚与接地电压的标准波形。 4. 信号引脚与接地之间标准波形。
对学生的要求	1. 熟练使用维修手册。 2. 检测后视镜控制电路的方法正确、规范。 3. 正确使用测量仪表。 4. 能够养成 6S 规范作业习惯。
参考资料	《汽车电器系统检修》配套教材。

学习情境十 检测后视镜控制电路

2. 检测后视镜控制电路的计划单

学习场	检修电器与控制系统		
学习情境十	检测后视镜控制电路		
学时	0.2学时		
典型工作过程描述	准备工作—查阅后视镜控制电路图—确认后视镜控制电路元件安装位置—辨认后视镜控制电路引脚信息—**检测后视镜控制电路**—填写检测报告		
计划制订的方式	小组讨论。		
序　号	工　作　步　骤	注　意　事　项	
1	找到所测的熔丝、引脚。	所测引脚正确。	
2	检测熔丝两端电压、电阻。	检测方法正确、读数准确。	
3	检测后视镜及控制开关接地电压、供电电压、信号电压。	检测方法正确、读数准确。	
4	检测后视镜控制开关信号标准波形。	仪器连接正确，菜单、参数设置正确。	
5	记录检测数据、绘制波形。	数据、单位正确。	
计划评价	班级	第　组	组长签字
	教师签字	日期	
	评语：		

3. 检测后视镜控制电路的决策单

学习场	检修电器与控制系统				
学习情境十	检测后视镜控制电路				
学时	0.2学时				
典型工作过程描述	准备工作—查阅后视镜控制电路图—确认后视镜控制电路元件安装位置—辨认后视镜控制电路引脚信息—**检测后视镜控制电路**—填写检测报告				
计　划　对　比					
序　号	计划的可行性	计划的经济性	计划的可操作性	计划的实施难度	综合评价
1					
2					
3					
4					
决策评价	班级		第　组	组长签字	
	教师签字		日期		
	评语：				

检修汽车电子电气与空调系统

4. 检测后视镜控制电路的实施单

学习场	检修电器与控制系统	
学习情境十	检测后视镜控制电路	
学时	0.2学时	
典型工作过程描述	准备工作—查阅后视镜控制电路图—确认后视镜控制电路元件安装位置—辨认后视镜控制电路引脚信息—**检测后视镜控制电路**—填写检测报告	
序　号	实　施　步　骤	注　意　事　项
1	找到所测的熔丝、引脚。 记录：	所测引脚正确。
2	检测熔丝两端电压、电阻。 记录：	检测方法正确、读数准确。
3	检测后视镜及控制开关接地电压、供电电压、信号电压。 记录：	检测方法正确、读数准确。
4	检测后视镜控制开关信号标准波形。 记录：	仪器连接正确，菜单、参数设置正确。
5	记录检测数据、绘制波形。 记录：	数据、单位正确。
实施说明：		
实施评价	班级　　　　　　　　　第　　组　　组长签字 教师签字　　　　　　　日期 评语：	

5. 检测后视镜控制电路的检查单

学习场	检修电器与控制系统			
学习情境十	检测后视镜控制电路			
学时	0.2 学时			
典型工作过程描述	准备工作—查阅后视镜控制电路图—确认后视镜控制电路元件安装位置—辨认后视镜控制电路引脚信息—**检测后视镜控制电路**—填写检测报告			
序 号	检 查 项 目	检 查 标 准	学 生 自 查	教 师 检 查
1	找到所测的熔丝、引脚	所测引脚是否正确		
2	检测熔丝两端电压、电阻	检测方法是否正确、读数是否准确		
3	检测后视镜及控制开关接地电压、供电电压、信号电压	检测方法是否正确、读数是否准确		
4	检测后视镜控制开关信号标准波形	仪器连接是否正确，菜单、参数设置是否正确		
5	记录检测数据、绘制波形	数据、单位是否正确		
检查评价	班级		第　　组	组长签字
	教师签字		日期	
	评语：			

6. 检测后视镜控制电路的评价单

学习场	检修电器与控制系统			
学习情境十	检测后视镜控制电路			
学时	0.2 学时			
典型工作过程描述	准备工作—查阅后视镜控制电路图—确认后视镜控制电路元件安装位置—辨认后视镜控制电路引脚信息—**检测后视镜控制电路**—填写检测报告			
评 价 项 目	评 价 子 项 目	学 生 自 评	组 内 评 价	教 师 评 价
作业流程完整性	作业流程是否完整			
作业流程规范性	作业流程是否规范			
信息记录完整准确性	信息记录是否完整、准确			
分析判断结果正确性	分析判断结果是否正确			
6S 管理	是否做到 6S 管理			
评价的评价	班级		第　　组	组长签字
	教师签字		日期	
	评语：			

任务六 填写检测报告

1. 填写检测报告的资讯单

学习场	检修电器与控制系统
学习情境十	检测后视镜控制电路
学时	0.2 学时
典型工作过程描述	准备工作—查阅后视镜控制电路图—确认后视镜控制电路元件安装位置—辨认后视镜控制电路引脚信息—检测后视镜控制电路—**填写检测报告**
搜集资讯的方式	线下图书与线上资源相结合。
资讯描述	1. 学会对比分析测量数据。 2. 提出正确的维修建议。
对学生的要求	1. 能够正确分析测量数据。 2. 能够提出正确的维修建议。 3. 能够养成 6S 规范作业习惯。
参考资料	《汽车电器系统检修》配套教材。

2. 填写检测报告的计划单

学习场	检修电器与控制系统		
学习情境十	检测后视镜控制电路		
学时	0.2 学时		
典型工作过程描述	准备工作—查阅后视镜控制电路图—确认后视镜控制电路元件安装位置—辨认后视镜控制电路引脚信息—检测后视镜控制电路—**填写检测报告**		
计划制订的方式	小组讨论。		
序号	工作步骤	注意事项	
1	对比分析测量数据。	分析正确、全面、透彻。	
2	提出正确的维修建议。	建议简单明了。	
计划评价	班级	第 组	组长签字
	教师签字	日期	
	评语:		

3. 填写检测报告的决策单

学习场	检修电器与控制系统
学习情境十	检测后视镜控制电路
学时	0.2 学时
典型工作过程描述	准备工作—查阅后视镜控制电路图—确认后视镜控制电路元件安装位置—辨认后视镜控制电路引脚信息—检测后视镜控制电路—**填写检测报告**

学习情境十 检测后视镜控制电路

计 划 对 比					
序　号	计划的可行性	计划的经济性	计划的可操作性	计划的实施难度	综　合　评　价
1					
2					
3					
4					
决策评价	班级		第　　　组	组长签字	
	教师签字		日期		
	评语：				

4. 填写检测报告的实施单

学习场	检修电器与控制系统	
学习情境十	检测后视镜控制电路	
学时	0.2 学时	
典型工作过程描述	准备工作—查阅后视镜控制电路图—确认后视镜控制电路元件安装位置—辨认后视镜控制电路引脚信息—检测后视镜控制电路—填写检测报告	
序　号	实 施 步 骤	注 意 事 项
1	对比分析测量数据。 记录：	分析正确、全面、透彻。
2	提出正确的维修建议。 记录：	建议简单明了。
实施说明：		
实施评价	班级		第　　　组	组长签字	
	教师签字		日期		
	评语：				

5. 填写检测报告的检查单

学习场	检修电器与控制系统			
学习情境十	检测后视镜控制电路			
学时	0.2 学时			
典型工作过程描述	准备工作—查阅后视镜控制电路图—确认后视镜控制电路元件安装位置—辨认后视镜控制电路引脚信息—检测后视镜控制电路—**填写检测报告**			
序号	检查项目	检查标准	学生自查	教师检查
1	对比分析测量数据	数据分析是否正确、全面、透彻		
2	提出正确的维修建议	维修建议是否合理		
检查评价	班级		第 组	组长签字
	教师签字		日期	
	评语:			

6. 填写检测报告的评价单

学习场	检修电器与控制系统			
学习情境十	检测后视镜控制电路			
学时	0.2 学时			
典型工作过程描述	准备工作—查阅后视镜控制电路图—确认后视镜控制电路元件安装位置—辨认后视镜控制电路引脚信息—检测后视镜控制电路—**填写检测报告**			
评价项目	评价子项目	学生自评	组内评价	教师评价
对比分析测量数据	测量数据分析是否全面、透彻			
提出正确的维修建议	维修建议是否合理			
评价的评价	班级		第 组	组长签字
	教师签字		日期	
	评语:			

学习情境十一　检测中控门锁控制电路

任务一　检测中控门锁控制电路的准备工作

1. 检测中控门锁控制电路准备工作的资讯单

学习场	检修电器与控制系统
学习情境十一	检测中控门锁控制电路
学时	0.1 学时
典型工作过程描述	**准备工作**—查阅中控门锁控制电路图—确认中控门锁控制电路元件的安装位置—辨认中控门锁控制电路引脚信息—检测中控门锁控制电路—填写检测报告
搜集资讯的方式	线下图书与线上资源相结合。
资讯描述	1. 中控门锁的作用。 2. 中控门锁控制电路的工作原理。 3. 检测仪器的使用方法。
对学生的要求	1. 掌握中控门锁作用的知识。 2. 掌握中控门锁控制电路的组成、工作原理。 3. 掌握检测仪器的使用方法。 4. 准备工具与设备。 5. 能够养成 6S 规范作业习惯。 6. 能够培养团队意识、工匠精神、职业精神。
参考资料	《汽车电器系统检修》配套教材。

2. 检测中控门锁控制电路准备工作的计划单

学习场	检修电器与控制系统			
学习情境十一	检测中控门锁控制电路			
学时	0.1 学时			
典型工作过程描述	**准备工作**—查阅中控门锁控制电路图—确认中控门锁控制电路元件的安装位置—辨认中控门锁控制电路引脚信息—检测中控门锁控制电路—填写检测报告			
计划制订的方式	小组讨论。			
序　号	工作步骤		注意事项	
1	中控门锁控制电路元件的作用。		描述清楚。	
2	中控门锁控制电路的组成、工作原理。		描述清楚、完整。	
3	检测仪器的使用方法。		参数单位和仪器菜单、挡位的选择。	
4	准备工具与设备。		型号选择正确。	
计划评价	班级		第　组	组长签字
	教师签字		日期	
	评语:			

3. 检测中控门锁控制电路准备工作的决策单

学习场	检修电器与控制系统				
学习情境十一	检测中控门锁控制电路				
学时	0.1 学时				
典型工作过程描述	准备工作—查阅中控门锁控制电路图—确认中控门锁控制电路元件的安装位置—辨认中控门锁控制电路引脚信息—检测中控门锁控制电路—填写检测报告				
计 划 对 比					
序 号	计划的可行性	计划的经济性	计划的可操作性	计划的实施难度	综 合 评 价
1					
2					
3					
4					
决策评价	班级		第 组	组长签字	
	教师签字		日期		
	评语:				

4. 检测中控门锁控制电路准备工作的实施单

学习场	检修电器与控制系统
学习情境十一	检测中控门锁控制电路
学时	0.1 学时
典型工作过程描述	准备工作—查阅中控门锁控制电路图—确认中控门锁控制电路元件的安装位置—辨认中控门锁控制电路引脚信息—检测中控门锁控制电路—填写检测报告

序 号	实 施 步 骤	注 意 事 项
1	中控门锁的作用。 记录:	描述清楚。
2	中控门锁控制电路的组成、工作原理。 记录:	描述清楚、完整。
3	检测仪器的使用方法。 记录:	注意参数单位和仪器菜单、挡位的选择。
4	准备工具与设备。 记录:	型号选择正确。

学习情境十一 检测中控门锁控制电路

<table>
<tr><td rowspan="4">实施评价</td><td colspan="2">实施说明：</td><td></td><td></td><td></td></tr>
<tr><td>班级</td><td></td><td>第　　组</td><td>组长签字</td><td></td></tr>
<tr><td>教师签字</td><td></td><td>日期</td><td colspan="2"></td></tr>
<tr><td colspan="5">评语：</td></tr>
</table>

5. 检测中控门锁控制电路准备工作的检查单

学习场	检修电器与控制系统			
学习情境十一	检测中控门锁控制电路			
学时	0.1 学时			
典型工作过程描述	准备工作—查阅中控门锁控制电路图—确认中控门锁控制电路元件的安装位置—辨认中控门锁控制电路引脚信息—检测中控门锁控制电路—填写检测报告			
序　号	检查项目	检查标准	学生自查	教师检查
1	中控门锁控制电路元件的作用	是否描述清楚		
2	中控门锁控制电路的组成、工作原理	是否描述清楚、完整		
3	检测仪器的使用方法	参数单位、菜单的选择是否正确		
4	准备工具与设备	型号选择是否正确		

<table>
<tr><td rowspan="3">检查评价</td><td>班级</td><td></td><td>第　　组</td><td>组长签字</td><td></td></tr>
<tr><td>教师签字</td><td></td><td>日期</td><td colspan="2"></td></tr>
<tr><td colspan="5">评语：</td></tr>
</table>

6. 检测中控门锁控制电路准备工作的评价单

学习场	检修电器与控制系统
学习情境十一	检测中控门锁控制电路
学时	0.1 学时
典型工作过程描述	准备工作—查阅中控门锁控制电路图—确认中控门锁控制电路元件的安装位置—辨认中控门锁控制电路引脚信息—检测中控门锁控制电路—填写检测报告

评 价 项 目	评价子项目	学 生 自 评	组 内 评 价	教 师 评 价
中控门锁控制电路元件的作用	描述清楚			
中控门锁控制电路的组成、工作原理	描述清楚、完整			
检测仪器的使用方法	参数单位和仪器菜单、挡位的选择正确			
准备工具与设备	型号选择正确			
评价的评价	班级		第　　组	组长签字	
	教师签字		日期		
	评语：				

任务二　查阅中控门锁控制电路图

1. 查阅中控门锁控制电路图的资讯单

学习场	检修电器与控制系统
学习情境十一	检测中控门锁控制电路
学时	0.1 学时
典型工作过程描述	准备工作—**查阅中控门锁控制电路图**—确认中控门锁控制电路元件的安装位置—辨认中控门锁控制电路引脚信息—检测中控门锁控制电路—填写检测报告
搜集资讯的方式	线下图书与线上资源相结合。
资讯描述	1. 了解车辆的基本信息。 2. 学会获取发动机型号的方法。 3. 学会电路图的识读方法。
对学生的要求	1. 能确认车辆基本信息。 2. 能确认发动机型号。 3. 熟练查阅中控门锁控制电路图。 4. 会绘制中控门锁控制电路原理简图。 5. 能够养成 6S 规范作业习惯。 6. 能够培养团队意识、工匠精神、职业精神。
参考资料	《汽车电器系统检修》配套教材。

2. 查阅中控门锁控制电路图的计划单

学习场	检修电器与控制系统
学习情境十一	检测中控门锁控制电路
学时	0.1 学时
典型工作过程描述	准备工作—**查阅中控门锁控制电路图**—确认中控门锁控制电路元件的安装位置—辨认中控门锁控制电路引脚信息—检测中控门锁控制电路—填写检测报告

学习情境十一　检测中控门锁控制电路

计划制订的方式	小组讨论。				
序　号	工　作　步　骤		注　意　事　项		
1	确认车辆基本信息。		准确核查车辆信息。		
2	确认发动机型号。		准确核查发动机信息。		
3	查阅中控门锁控制电路图。		型号、页码、章节选择正确。		
4	绘制中控门锁控制电路原理简图。		引脚信息标注正确。		
计划评价	班级		第　　组	组长签字	
	教师签字		日期		
	评语：				

3. 查阅中控门锁控制电路图的决策单

学习场	检修电器与控制系统				
学习情境十一	检测中控门锁控制电路				
学时	0.1学时				
典型工作过程描述	准备工作—**查阅中控门锁控制电路图**—确认中控门锁控制电路元件的安装位置—辨认中控门锁控制电路引脚信息—检测中控门锁控制电路—填写检测报告				
计　划　对　比					
序　号	计划的可行性	计划的经济性	计划的可操作性	计划的实施难度	综合评价
1					
2					
3					
4					
决策评价	班级		第　　组	组长签字	
	教师签字		日期		
	评语：				

4. 查阅中控门锁控制电路图的实施单

学习场	检修电器与控制系统
学习情境十一	检测中控门锁控制电路
学时	0.1学时
典型工作过程描述	准备工作—**查阅中控门锁控制电路图**—确认中控门锁控制电路元件的安装位置—辨认中控门锁控制电路引脚信息—检测中控门锁控制电路—填写检测报告

检修汽车电子电气与空调系统

序　号	实　施　步　骤	注　意　事　项
1	确认车辆基本信息。 记录：	准确核查车辆信息。
2	确认发动机型号。 记录：	准确核查发动机信息。
3	查阅中控门锁控制电路图。 记录：	型号、页码、章节选择正确。
4	绘制中控门锁控制电路原理简图。 记录：	引脚信息标注正确。
实施说明：		
实施评价	班级　　　　　　　　　第　组　　组长签字 教师签字　　　　　　　日期 评语：	

5. 查阅中控门锁控制电路图的检查单

学习场	检修电器与控制系统
学习情境十一	检测中控门锁控制电路
学时	0.1 学时
典型工作过程描述	准备工作—**查阅中控门锁控制电路图**—确认中控门锁控制电路元件的安装位置—辨认中控门锁控制电路引脚信息—检测中控门锁控制电路—填写检测报告

学习情境十一　检测中控门锁控制电路

序　号	检 查 项 目	检 查 标 准	学生自查	教师检查
1	确认车辆基本信息	准确核查车辆信息		
2	确认发动机型号	准确核查发动机信息		
3	查阅中控门锁控制电路图	型号、页码、章节选择正确		
4	绘制中控门锁控制电路原理简图	引脚信息标注正确		
检查评价	班级		第　　组	组长签字	
	教师签字		日期		
	评语：				

6. 查阅中控门锁控制电路图的评价单

学习场	检修电器与控制系统			
学习情境十一	检测中控门锁控制电路			
学时	0.1 学时			
典型工作过程描述	准备工作—**查阅中控门锁控制电路图**—确认中控门锁控制电路元件的安装位置—辨认中控门锁控制电路引脚信息—检测中控门锁控制电路—填写检测报告			
评 价 项 目	评价子项目	学生自评	组内评价	教师评价
确认车辆基本信息	车辆基本信息是否正确			
确认发动机型号	发动机型号是否正确			
查阅中控门锁控制电路图	查阅方法是否正确、完整			
绘制中控门锁控制电路原理简图	电路原理简图是否正确			
评价的评价	班级		第　　组	组长签字	
	教师签字		日期		
	评语：				

任务三　确认中控门锁控制电路元件的安装位置

1. 确认中控门锁控制电路元件的安装位置的资讯单

学习场	检修电器与控制系统
学习情境十一	检测中控门锁控制电路
学时	0.2 学时
典型工作过程描述	准备工作—查阅中控门锁控制电路图—**确认中控门锁控制电路元件的安装位置**—辨认中控门锁控制电路引脚信息—检测中控门锁控制电路—填写检测报告
搜集资讯的方式	线下图书与线上资源相结合。

资讯描述	1. 查阅维修手册。 2. 确认车辆信息。
对学生的要求	1. 能正确查阅维修手册。 2. 能正确确认中控门锁控制电路元件的安装位置。 3. 能够养成 6S 规范作业习惯。 4. 能够培养团队意识、工匠精神、职业精神。
参考资料	《汽车电器系统检修》配套教材。

2. 确认中控门锁控制电路元件的安装位置的计划单

学习场	检修电器与控制系统		
学习情境十一	检测中控门锁控制电路		
学时	0.2 学时		
典型工作过程描述	准备工作—查阅中控门锁控制电路图—**确认中控门锁控制电路元件的安装位置**—辨认中控门锁控制电路引脚信息—检测中控门锁控制电路—填写检测报告		
计划制订的方式	小组讨论。		
序 号	工 作 步 骤	注 意 事 项	
1	查阅维修手册。	章节、页码、型号选择正确。	
2	在车辆上辨认中控门锁控制电路元件的安装位置。	指认位置正确。	
计划评价	班级	第 组	组长签字
	教师签字	日期	
	评语:		

3. 确认中控门锁控制电路元件的安装位置的决策单

学习场	检修电器与控制系统				
学习情境十一	检测中控门锁控制电路				
学时	0.2 学时				
典型工作过程描述	准备工作—查阅中控门锁控制电路图—**确认中控门锁控制电路元件的安装位置**—辨认中控门锁控制电路引脚信息—检测中控门锁控制电路—填写检测报告				
计 划 对 比					
序 号	计划的可行性	计划的经济性	计划的可操作性	计划的实施难度	综 合 评 价
1					
2					
3					
4					
决策评价	班级		第 组	组长签字	
	教师签字		日期		
	评语:				

学习情境十一 检测中控门锁控制电路

4. 确认中控门锁控制电路元件的安装位置的实施单

学习场	检修电器与控制系统		
学习情境十一	检测中控门锁控制电路		
学时	0.2 学时		
典型工作过程描述	准备工作—查阅中控门锁控制电路图—**确认中控门锁控制电路元件的安装位置**—辨认中控门锁控制电路引脚信息—检测中控门锁控制电路—填写检测报告		
序 号	实 施 步 骤	注 意 事 项	
1	查阅维修手册。 记录:	章节、页码、型号选择正确。	
2	在车辆上辨认中控门锁控制电路元件的安装位置。 记录:	指认位置正确。	
实施说明:			
实施评价	班级	第 组	组长签字
	教师签字	日期	
	评语:		

5. 确认中控门锁控制电路元件的安装位置的检查单

学习场	检修电器与控制系统			
学习情境十一	检测中控门锁控制电路			
学时	0.2 学时			
典型工作过程描述	准备工作—查阅中控门锁控制电路图—**确认中控门锁控制电路元件的安装位置**—辨认中控门锁控制电路引脚信息—检测中控门锁控制电路—填写检测报告			
序 号	检 查 项 目	检 查 标 准	学生自查	教师检查
1	查阅维修手册	章节、页码、型号是否选择正确		
2	在车辆上辨认中控门锁控制电路元件的安装位置	指认位置是否正确		
检查评价	班级	第 组	组长签字	
	教师签字	日期		
	评语:			

189

6. 确认中控门锁控制电路元件的安装位置的评价单

学习场	检修电器与控制系统				
学习情境十一	检测中控门锁控制电路				
学时	0.2 学时				
典型工作过程描述	准备工作—查阅中控门锁控制电路图—**确认中控门锁控制电路元件的安装位置**—辨认中控门锁控制电路引脚信息—检测中控门锁控制电路—填写检测报告				
评价项目	评价子项目	学生自评		组内评价	教师评价
作业流程完整性	作业流程是否完整				
作业流程规范性	作业流程是否规范				
评价的评价	班级		第 组	组长签字	
	教师签字		日期		
	评语:				

任务四　辨认中控门锁控制电路引脚信息

1. 辨认中控门锁控制电路引脚信息的资讯单

学习场	检修电器与控制系统
学习情境十一	检测中控门锁控制电路
学时	0.2 学时
典型工作过程描述	准备工作—查阅中控门锁控制电路图—确认中控门锁控制电路元件的安装位置—**辨认中控门锁控制电路引脚信息**—检测中控门锁控制电路—填写检测报告
搜集资讯的方式	线下图书与线上资源相结合。
资讯描述	1. 维修手册。 2. 中控门锁控制电路元件插头引脚。
对学生的要求	1. 熟练使用维修资料。 2. 能正确辨认中控门锁插头引脚。 3. 能正确辨认中控门锁控制开关插头引脚。 4. 能正确辨认线束颜色。 5. 能够养成 6S 规范作业习惯。 6. 能够培养团队意识、工匠精神、职业精神。
参考资料	《汽车电器系统检修》配套教材。

学习情境十一 检测中控门锁控制电路

2. 辨认中控门锁控制电路引脚信息的计划单

学习场	检修电器与控制系统		
学习情境十一	检测中控门锁控制电路		
学时	0.2 学时		
典型工作过程描述	准备工作—查阅中控门锁控制电路图—确认中控门锁控制电路元件的安装位置—辨认中控门锁控制电路引脚信息—检测中控门锁控制电路—填写检测报告		
计划制订的方式	小组讨论。		
序 号	工 作 步 骤	注 意 事 项	
1	查阅维修电路图。	页码、章节、型号选择正确。	
2	拆下中控门锁及控制开关插头。	拆卸方法正确。	
3	对比维修资料中的引脚信息。	信息正确。	
4	辨认线束颜色。	颜色正确。	
计划评价	班级		第 组	组长签字	
	教师签字		日期		
	评语:				

3. 辨认中控门锁控制电路引脚信息的决策单

学习场	检修电器与控制系统				
学习情境十一	检测中控门锁控制电路				
学时	0.2 学时				
典型工作过程描述	准备工作—查阅中控门锁控制电路图—确认中控门锁控制电路元件的安装位置—辨认中控门锁控制电路引脚信息—检测中控门锁控制电路—填写检测报告				
计 划 对 比					
序 号	计划的可行性	计划的经济性	计划的可操作性	计划的实施难度	综 合 评 价
1					
2					
3					
4					
决策评价	班级		第 组	组长签字	
	教师签字		日期		
	评语:				

4. 辨认中控门锁控制电路引脚信息的实施单

学习场	检修电器与控制系统
学习情境十一	检测中控门锁控制电路
学时	0.2 学时
典型工作过程描述	准备工作—查阅中控门锁控制电路图—确认中控门锁控制电路元件的安装位置—**辨认中控门锁控制电路引脚信息**—检测中控门锁控制电路—填写检测报告

序 号	实 施 步 骤	注 意 事 项
1	查阅维修电路图。 **记录：**	页码、章节、型号选择正确。
2	拆下中控门锁及控制开关插头。 **记录：**	拆卸方法正确。
3	对比维修资料中的引脚信息。 **记录：**	信息正确。
4	辨认线束颜色。 **记录：**	颜色正确。

实施说明：				
实施评价	班级		第　　组	组长签字
	教师签字		日期	
	评语：			

5. 辨认中控门锁控制电路引脚信息的检查单

学习场	检修电器与控制系统				
学习情境十一	检测中控门锁控制电路				
学时	0.2 学时				
典型工作过程描述	准备工作—查阅中控门锁控制电路图—确认中控门锁控制电路元件的安装位置—**辨认中控门锁控制电路引脚信息**—检测中控门锁控制电路—填写检测报告				
序 号	检 查 项 目	检 查 标 准		学 生 自 查	教 师 检 查
1	查阅维修电路图	页码、章节、型号是否选择正确			
2	拆下中控门锁及控制开关插头	拆卸方法是否正确			
3	对比维修资料中的引脚信息	信息是否正确			
4	辨认线束颜色	颜色是否正确			
检查评价	班级		第 组	组长签字	
	教师签字		日期		
	评语:				

6. 辨认中控门锁控制电路引脚信息的评价单

学习场	检修电器与控制系统				
学习情境十一	检测中控门锁控制电路				
学时	0.2 学时				
典型工作过程描述	准备工作—查阅中控门锁控制电路图—确认中控门锁控制电路元件的安装位置—**辨认中控门锁控制电路引脚信息**—检测中控门锁控制电路—填写检测报告				
评 价 项 目	评 价 子 项 目		学 生 自 评	组 内 评 价	教 师 评 价
作业流程完整性	作业流程是否完整				
作业流程规范性	作业流程是否规范				
信息记录准确性	信息记录是否完整、准确				
6S 管理	是否做到 6S 管理				
评价的评价	班级		第 组	组长签字	
	教师签字		日期		
	评语:				

任务五　检测中控门锁控制电路

1. 检测中控门锁控制电路的资讯单

学习场	检修电器与控制系统
学习情境十一	检测中控门锁控制电路
学时	0.2 学时
典型工作过程描述	准备工作—查阅中控门锁控制电路图—确认中控门锁控制电路元件的安装位置—辨认中控门锁控制电路引脚信息—**检测中控门锁控制电路**—填写检测报告
搜集资讯的方式	线下图书与线上资源相结合
资讯描述	1. 维修手册。 2. 中控门锁控制电路元件插头引脚信息。 3. 引脚与接地电压的标准值、标准波形。 4. 信号引脚与接地之间标准波形。
对学生的要求	1. 熟练使用维修手册。 2. 检测中控门锁控制电路方法正确、规范。 3. 正确使用测量仪表。 4. 能够养成 6S 规范作业习惯。
参考资料	《汽车电器系统检修》配套教材。

2. 检测中控门锁控制电路的计划单

学习场	检修电器与控制系统	
学习情境十一	检测中控门锁控制电路	
学时	0.2 学时	
典型工作过程描述	准备工作—查阅中控门锁控制电路图—确认中控门锁控制电路元件的安装位置—辨认中控门锁控制电路引脚信息—**检测中控门锁控制电路**—填写检测报告	
计划制订的方式	小组讨论。	
序　号	工　作　步　骤	注　意　事　项
1	找到所测的熔丝、引脚。	所测引脚正确。
2	检测熔丝两端电压、电阻。	检测方法正确、读数准确。
3	检测中控门锁及控制开关接地电压、供电电压、信号电压。	检测方法正确、读数准确。
4	检测中控门锁控制开关信号标准波形。	仪器连接正确，菜单、参数设置正确。
5	记录检测数据、绘制波形。	数据、单位正确。
计划评价	班级　　　　　　　第　　组　　组长签字 教师签字　　　　　　日期 评语：	

3. 检测中控门锁控制电路的决策单

学习场	检修电器与控制系统				
学习情境十一	检测中控门锁控制电路				
学时	0.2 学时				
典型工作过程描述	准备工作—查阅中控门锁控制电路图—确认中控门锁控制电路元件的安装位置—辨认中控门锁控制电路引脚信息—**检测中控门锁控制电路**—填写检测报告				
计划对比					
序　号	计划的可行性	计划的经济性	计划的可操作性	计划的实施难度	综合评价
1					
2					
3					
4					
决策评价	班级		第　　组	组长签字	
	教师签字		日期		
	评语：				

4. 检测中控门锁控制电路的实施单

学习场	检修电器与控制系统
学习情境十一	检测中控门锁控制电路
学时	0.2 学时
典型工作过程描述	准备工作—查阅中控门锁控制电路图—确认中控门锁控制电路元件的安装位置—辨认中控门锁控制电路引脚信息—**检测中控门锁控制电路**—填写检测报告

序　号	实施步骤	注意事项
1	找到所测的熔丝、引脚。 记录：	所测引脚正确。
2	检测熔丝两端电压、电阻。 记录：	检测方法正确、读数准确。
3	检测中控门锁及控制开关接地电压、供电电压、信号电压。 记录：	检测方法正确、读数准确。

4	检测中控门锁控制开关信号标准波形。 记录：	仪器连接正确,菜单、参数设置正确。
5	记录检测数据、绘制波形。 记录：	数据、单位正确。
实施说明:		
实施评价	班级		第 组	组长签字	
	教师签字		日期		
	评语:				

5. 检测中控门锁控制电路的检查单

学习场	检修电器与控制系统
学习情境十一	检测中控门锁控制电路
学时	0.2 学时
典型工作过程描述	准备工作—查阅中控门锁控制电路图—确认中控门锁控制电路元件的安装位置—辨认中控门锁控制电路引脚信息—**检测中控门锁控制电路**—填写检测报告

序号	检查项目	检查标准	学生自查	教师检查
1	找到所测的熔丝、引脚	所测引脚是否正确		
2	检测熔丝两端电压、电阻	检测方法是否正确、读数是否准确		
3	检测中控门锁及控制开关接地电压、供电电压、信号电压	检测方法是否正确、读数是否准确		
4	检测中控门锁控制开关信号标准波形	仪器连接是否正确,菜单、参数设置是否正确		
5	记录检测数据、绘制波形	数据、单位是否正确		

检查评价	班级		第 组	组长签字	
	教师签字		日期		
	评语:				

学习情境十一　检测中控门锁控制电路

6. 检测中控门锁控制电路的评价单

学习场	检修电器与控制系统			
学习情境十一	检测中控门锁控制电路			
学时	0.2 学时			
典型工作过程描述	准备工作—查阅中控门锁控制电路图—确认中控门锁控制电路元件的安装位置—辨认中控门锁控制电路引脚信息—检测中控门锁控制电路—填写检测报告			
评价项目	评价子项目	学生自评	组内评价	教师评价
作业流程完整性	作业流程是否完整			
作业流程规范性	作业流程是否规范			
信息记录完整准确性	信息记录是否完整、准确			
分析判断结果正确性	分析判断结果是否正确			
6S 管理	是否做到 6S 管理			
评价的评价	班级		第　　组	组长签字
	教师签字		日期	
	评语：			

任务六　填写检测报告

1. 填写检测报告的资讯单

学习场	检修电器与控制系统
学习情境十一	检测中控门锁控制电路
学时	0.2 学时
典型工作过程描述	准备工作—查阅中控门锁控制电路图—确认中控门锁控制电路元件的安装位置—辨认中控门锁控制电路引脚信息—检测中控门锁控制电路—填写检测报告
搜集资讯的方式	线下图书与线上资源相结合。
资讯描述	1. 学会对比分析测量数据。 2. 提出正确的维修建议。
对学生的要求	1. 正确分析测量数据。 2. 提出正确的维修建议。 3. 能够养成 6S 规范作业习惯。
参考资料	《汽车电器系统检修》配套教材。

2. 填写检测报告的计划单

学习场	检修电器与控制系统
学习情境十一	检测中控门锁控制电路
学时	0.2 学时
典型工作过程描述	准备工作—查阅中控门锁控制电路图—确认中控门锁控制电路元件的安装位置—辨认中控门锁控制电路引脚信息—检测中控门锁控制电路—**填写检测报告**
计划制订的方式	小组讨论。

序号	工作步骤	注意事项
1	对比分析测量数据。	分析正确、全面、透彻。
2	提出正确的维修建议。	建议简单明了。

计划评价	班级		第 组	组长签字	
	教师签字		日期		
	评语:				

3. 填写检测报告的决策单

学习场	检修电器与控制系统
学习情境十一	检测中控门锁控制电路
学时	0.2 学时
典型工作过程描述	准备工作—查阅中控门锁控制电路图—确认中控门锁控制电路元件的安装位置—辨认中控门锁控制电路引脚信息—检测中控门锁控制电路—**填写检测报告**

计划对比					
序号	计划的可行性	计划的经济性	计划的可操作性	计划的实施难度	综合评价
1					
2					
3					
4					

决策评价	班级		第 组	组长签字	
	教师签字		日期		
	评语:				

4. 填写检测报告的实施单

学习场	检修电器与控制系统			
学习情境十一	检测中控门锁控制电路			
学时	0.2 学时			
典型工作过程描述	准备工作—查阅中控门锁控制电路图—确认中控门锁控制电路元件的安装位置—辨认中控门锁控制电路引脚信息—检测中控门锁控制电路—**填写检测报告**			
序　号	实　施　步　骤		注　意　事　项	
1	对比分析测量数据。 记录：		分析正确、全面、透彻。	
2	提出正确的维修建议。 记录：		建议简单明了。	
实施说明：				
实施评价	班级		第　　组	组长签字
	教师签字		日期	
	评语：			

5. 填写检测报告的检查单

学习场	检修电器与控制系统			
学习情境十一	检测中控门锁控制电路			
学时	0.2 学时			
典型工作过程描述	准备工作—查阅中控门锁控制电路图—确认中控门锁控制电路元件的安装位置—辨认中控门锁控制电路引脚信息—检测中控门锁控制电路—**填写检测报告**			
序　号	检 查 项 目	检 查 标 准	学 生 自 查	教 师 检 查
1	对比分析测量数据	数据分析是否正确、全面、透彻		
2	提出正确的维修建议	维修建议是否合理		
检查评价	班级		第　　组	组长签字
	教师签字		日期	
	评语：			

检修汽车电子电气与空调系统

6. 填写检测报告的评价单

学习场	检修电器与控制系统				
学习情境十一	检测中控门锁控制电路				
学时	0.2学时				
典型工作过程描述	准备工作—查阅中控门锁控制电路图—确认中控门锁控制电路元件的安装位置—辨认中控门锁控制电路引脚信息—检测中控门锁控制电路—填写检测报告				
评价项目	评价子项目	学生自评	组内评价	教师评价	
对比分析测量数据	测量数据分析是否全面、透彻				
提出正确的维修建议	维修建议是否合理				
评价的评价	班级		第 组	组长签字	
	教师签字		日期		
	评语：				

学习情境十二　检测危险警告灯控制电路

任务一　检测危险警告灯控制电路的准备工作

1. 检测危险警告灯控制电路准备工作的资讯单

学习场	检修电器与控制系统
学习情境十二	检测危险警告灯控制电路
学时	0.1 学时
典型工作过程描述	准备工作—查阅危险警告灯控制电路图—确认危险警告灯控制电路元件的安装位置—辨认危险警告灯控制电路引脚信息—检测危险警告灯控制电路—填写检测报告
搜集资讯的方式	线下图书与线上资源相结合。
资讯描述	1. 危险警告灯的作用。 2. 危险警告灯控制电路的工作原理。 3. 检测仪器的使用方法。
对学生的要求	1. 掌握危险警告灯作用的知识。 2. 掌握危险警告灯控制电路的组成、工作原理。 3. 掌握检测仪器的使用方法。 4. 准备工具与设备。 5. 能够养成 6S 规范作业习惯。 6. 能够培养团队意识、工匠精神、职业精神。
参考资料	《汽车电器系统检修》配套教材。

2. 检测危险警告灯控制电路准备工作的计划单

学习场	检修电器与控制系统	
学习情境十二	检测危险警告灯控制电路	
学时	0.1 学时	
典型工作过程描述	准备工作—查阅危险警告灯控制电路图—确认危险警告灯控制电路元件的安装位置—辨认危险警告灯控制电路引脚信息—检测危险警告灯控制电路—填写检测报告	
计划制订的方式	小组讨论。	
序号	工作步骤	注意事项
1	危险警告灯控制电路元件的作用。	描述清楚。
2	危险警告灯控制电路的组成、工作原理。	描述清楚、完整。
3	检测仪器的使用方法。	参数单位和仪器菜单、挡位的选择。
4	准备工具与设备。	型号选择正确。

检修汽车电子电气与空调系统

计划评价	班级		第 组		组长签字	
	教师签字		日期			
	评语：					

3. 检测危险警告灯控制电路准备工作的决策单

学习场	检修电器与控制系统
学习情境十二	检测危险警告灯控制电路
学时	0.1学时
典型工作过程描述	准备工作—查阅危险警告灯控制电路图—确认危险警告灯控制电路元件的安装位置—辨认危险警告灯控制电路引脚信息—检测危险警告灯控制电路—填写检测报告

计 划 对 比					
序 号	计划的可行性	计划的经济性	计划的可操作性	计划的实施难度	综 合 评 价
1					
2					
3					
4					

决策评价	班级		第 组		组长签字	
	教师签字		日期			
	评语：					

4. 检测危险警告灯控制电路准备工作的实施单

学习场	检修电器与控制系统
学习情境十二	检测危险警告灯控制电路
学时	0.1学时
典型工作过程描述	准备工作—查阅危险警告灯控制电路图—确认危险警告灯控制电路元件的安装位置—辨认危险警告灯控制电路引脚信息—检测危险警告灯控制电路—填写检测报告

序 号	实 施 步 骤	注 意 事 项
1	危险警告灯的作用。 记录：	描述清楚。
2	危险警告灯控制电路的组成、工作原理。 记录：	描述清楚、完整。

3	检测仪器的使用方法。 记录：	注意参数单位和仪器菜单、挡位的选择。
4	准备工具与设备。 记录：	型号选择正确。

实施说明：

实施评价	班级		第 组	组长签字	
	教师签字		日期		
	评语：				

5. 检测危险警告灯控制电路准备工作的检查单

学习场	检修电器与控制系统
学习情境十二	检测危险警告灯控制电路
学时	0.1 学时
典型工作过程描述	准备工作—查阅危险警告灯控制电路图—确认危险警告灯控制电路元件的安装位置—辨认危险警告灯控制电路引脚信息—检测危险警告灯控制电路—填写检测报告

序 号	检 查 项 目	检 查 标 准	学 生 自 查	教 师 检 查
1	危险警告灯控制电路元件的作用	是否描述清楚		
2	危险警告灯控制电路的组成、工作原理	是否描述清楚、完整		
3	检测仪器的使用方法	参数单位、菜单的选择是否正确		
4	准备工具与设备	型号选择是否正确		

检查评价	班级		第 组	组长签字	
	教师签字		日期		
	评语：				

6. 检测危险警告灯控制电路准备工作的评价单

学习场	检修电器与控制系统				
学习情境十二	检测危险警告灯控制电路				
学时	0.1 学时				
典型工作过程描述	**准备工作**—查阅危险警告灯控制电路图—确认危险警告灯控制电路元件的安装位置—辨认危险警告灯控制电路引脚信息—检测危险警告灯控制电路—填写检测报告				
评价项目	评价子项目	学生自评	组内评价	教师评价	
危险警告灯控制电路元件的作用	描述清楚				
危险警告灯控制电路的组成、工作原理	描述清楚、完整				
检测仪器的使用方法	参数单位和仪器菜单、挡位的选择正确				
准备工具与设备	型号选择正确				
评价的评价	班级		第 组	组长签字	
	教师签字		日期		
	评语:				

任务二 查阅危险警告灯控制电路图

1. 查阅危险警告灯控制电路图的资讯单

学习场	检修电器与控制系统
学习情境十二	检测危险警告灯控制电路
学时	0.1 学时
典型工作过程描述	准备工作—**查阅危险警告灯控制电路图**—确认危险警告灯控制电路元件的安装位置—辨认危险警告灯控制电路引脚信息—检测危险警告灯控制电路—填写检测报告
搜集资讯的方式	线下图书与线上资源相结合。
资讯描述	1. 了解车辆基本信息。 2. 学会获取发动机型号的方法。 3. 学会电路图的识读方法。
对学生的要求	1. 能确认车辆基本信息。 2. 能确认发动机型号。 3. 能熟练查阅危险警告灯控制电路图。 4. 会绘制危险警告灯控制电路原理简图。 5. 能够养成 6S 规范作业习惯。 6. 能够培养团队意识、工匠精神、职业精神。
参考资料	《汽车电器系统检修》配套教材。

学习情境十二 检测危险警告灯控制电路

2. 查阅危险警告灯控制电路图的计划单

学习场	检修电器与控制系统			
学习情境十二	检测危险警告灯控制电路			
学时	0.1学时			
典型工作过程描述	准备工作—**查阅危险警告灯控制电路图**—确认危险警告灯控制电路元件的安装位置—辨认危险警告灯控制电路引脚信息—检测危险警告灯控制电路—填写检测报告			
计划制订的方式	小组讨论。			
序　号	工 作 步 骤		注 意 事 项	
1	确认车辆的基本信息。		准确核查车辆信息。	
2	确认发动机型号。		准确核查发动机信息。	
3	查阅危险警告灯控制电路图。		型号、页码、章节选择正确。	
4	绘制危险警告灯控制电路原理简图。		引脚信息标注正确。	
计划评价	班级		第　　组	组长签字
	教师签字		日期	
	评语：			

3. 查阅危险警告灯控制电路图的决策单

学习场	检修电器与控制系统				
学习情境十二	检测危险警告灯控制电路				
学时	0.1学时				
典型工作过程描述	准备工作—**查阅危险警告灯控制电路图**—确认危险警告灯控制电路元件的安装位置—辨认危险警告灯控制电路引脚信息—检测危险警告灯控制电路—填写检测报告				
计 划 对 比					
序　号	计划的可行性	计划的经济性	计划的可操作性	计划的实施难度	综 合 评 价
1					
2					
3					
4					
决策评价	班级		第　　组	组长签字	
	教师签字		日期		
	评语：				

检修汽车电子电气与空调系统

4. 查阅危险警告灯控制电路图的实施单

学习场	检修电器与控制系统
学习情境十二	检测危险警告灯控制电路
学时	0.1 学时
典型工作过程描述	准备工作—**查阅危险警告灯控制电路图**—确认危险警告灯控制电路元件的安装位置—辨认危险警告灯控制电路引脚信息—检测危险警告灯控制电路—填写检测报告

序 号	实 施 步 骤	注 意 事 项
1	确认车辆基本信息。 记录：	准确核查车辆信息。
2	确认发动机型号。 记录：	准确核查发动机信息。
3	查阅危险警告灯控制电路图。 记录：	型号、页码、章节选择正确。
4	绘制危险警告灯控制电路原理简图。 记录：	引脚信息标注正确。

实施说明：

实施评价	班级		第 组	组长签字	
	教师签字		日期		
	评语：				

学习情境十二 检测危险警告灯控制电路

5. 查阅危险警告灯控制电路图的检查单

学习场	检修电器与控制系统			
学习情境十二	检测危险警告灯控制电路			
学时	0.1 学时			
典型工作过程描述	准备工作—**查阅危险警告灯控制电路图**—确认危险警告灯控制电路元件的安装位置—辨认危险警告灯控制电路引脚信息—检测危险警告灯控制电路—填写检测报告			
序 号	检 查 项 目	检 查 标 准	学 生 自 查	教 师 检 查
1	确认车辆的基本信息	准确核查车辆信息		
2	确认发动机型号	准确核查发动机信息		
3	查阅危险警告灯控制电路图	型号、页码、章节选择正确		
4	绘制危险警告灯控制电路原理简图	引脚信息标注正确		
检查评价	班级		第 组	组长签字
	教师签字		日期	
	评语:			

6. 查阅危险警告灯控制电路图的评价单

学习场	检修电器与控制系统			
学习情境十二	检测危险警告灯控制电路			
学时	0.1 学时			
典型工作过程描述	准备工作—**查阅危险警告灯控制电路图**—确认危险警告灯控制电路元件的安装位置—辨认危险警告灯控制电路引脚信息—检测危险警告灯控制电路—填写检测报告			
评 价 项 目	评价子项目	学 生 自 评	组 内 评 价	教 师 评 价
确认车辆的基本信息	车辆基本信息是否正确			
确认发动机型号	发动机型号是否正确			
查阅危险警告灯控制电路图	查阅方法是否正确、完整			
绘制危险警告灯控制电路原理简图	电路原理简图是否正确			
评价的评价	班级		第 组	组长签字
	教师签字		日期	
	评语:			

任务三 确认危险警告灯控制电路元件的安装位置

1. 确认危险警告灯控制电路元件的安装位置的资讯单

学习场	检修电器与控制系统
学习情境十二	检测危险警告灯控制电路
学时	0.2 学时
典型工作过程描述	准备工作—查阅危险警告灯控制电路图—**确认危险警告灯控制电路元件的安装位置**—辨认危险警告灯控制电路引脚信息—检测危险警告灯控制电路—填写检测报告
搜集资讯的方式	线下图书与线上资源相结合。
资讯描述	1. 查阅维修手册。 2. 确认车辆信息。
对学生的要求	1. 能正确查阅维修手册。 2. 能正确确认危险警告灯控制电路元件的安装位置。 3. 能够养成 6S 规范作业习惯。 4. 能够培养团队意识、工匠精神、职业精神。
参考资料	《汽车电器系统检修》配套教材。

2. 确认危险警告灯控制电路元件的安装位置的计划单

学习场	检修电器与控制系统		
学习情境十二	检测危险警告灯控制电路		
学时	0.2 学时		
典型工作过程描述	准备工作—查阅危险警告灯控制电路图—**确认危险警告灯控制电路元件的安装位置**—辨认危险警告灯控制电路引脚信息—检测危险警告灯控制电路—填写检测报告		
计划制订的方式	小组讨论。		
序 号	工 作 步 骤	注 意 事 项	
1	查阅维修手册。	章节、页码、型号选择正确。	
2	在车辆上辨认危险警告灯控制电路元件的安装位置。	指认位置正确。	
计划评价	班级	第 组	组长签字
	教师签字	日期	
	评语:		

3. 确认危险警告灯控制电路元件的安装位置的决策单

学习场	检修电器与控制系统				
学习情境十二	检测危险警告灯控制电路				
学时	0.2 学时				
典型工作过程描述	准备工作—查阅危险警告灯控制电路图—**确认危险警告灯控制电路元件的安装位置**—辨认危险警告灯控制电路引脚信息—检测危险警告灯控制电路—填写检测报告				
计 划 对 比					
序 号	计划的可行性	计划的经济性	计划的可操作性	计划的实施难度	综 合 评 价
1					
2					
3					
4					
决策评价	班级		第 组		组长签字
	教师签字		日期		
	评语:				

4. 确认危险警告灯控制电路元件的安装位置的实施单

学习场	检修电器与控制系统	
学习情境十二	检测危险警告灯控制电路	
学时	0.2 学时	
典型工作过程描述	准备工作—查阅危险警告灯控制电路图—**确认危险警告灯控制电路元件的安装位置**—辨认危险警告灯控制电路引脚信息—检测危险警告灯控制电路—填写检测报告	
序 号	实 施 步 骤	注 意 事 项
1	查阅维修手册。 记录:	章节、页码、型号选择正确。
2	在车辆上辨认危险警告灯控制电路元件的安装位置。 记录:	指认位置正确。
实施说明:		
实施评价	班级		第 组	组长签字
	教师签字		日期	
	评语:			

5. 确认危险警告灯控制电路元件的安装位置的检查单

学习场	检修电器与控制系统			
学习情境十二	检测危险警告灯控制电路			
学时	0.2 学时			
典型工作过程描述	准备工作—查阅危险警告灯控制电路图—**确认危险警告灯控制电路元件的安装位置**—辨认危险警告灯控制电路引脚信息—检测危险警告灯控制电路—填写检测报告			
序 号	检 查 项 目	检 查 标 准	学 生 自 查	教 师 检 查
1	查阅维修手册	章节、页码、型号是否选择正确		
2	在车辆上辨认危险警告灯控制电路元件的安装位置	指认位置是否正确		
检查评价	班级 / 第 组 / 组长签字			
	教师签字 / 日期			
	评语：			

6. 确认危险警告灯控制电路元件的安装位置的评价单

学习场	检修电器与控制系统			
学习情境十二	检测危险警告灯控制电路			
学时	0.2 学时			
典型工作过程描述	准备工作—查阅危险警告灯控制电路图—**确认危险警告灯控制电路元件的安装位置**—辨认危险警告灯控制电路引脚信息—检测危险警告灯控制电路—填写检测报告			
评价项目	评价子项目	学 生 自 评	组 内 评 价	教 师 评 价
作业流程完整性	作业流程是否完整			
作业流程规范性	作业流程是否规范			
评价的评价	班级 / 第 组 / 组长签字			
	教师签字 / 日期			
	评语：			

学习情境十二　检测危险警告灯控制电路

任务四　辨认危险警告灯控制电路引脚信息

1. 辨认危险警告灯控制电路引脚信息的资讯单

学习场	检修电器与控制系统
学习情境十二	检测危险警告灯控制电路
学时	0.2 学时
典型工作过程描述	准备工作—查阅危险警告灯控制电路图—确认危险警告灯控制电路元件的安装位置—辨认危险警告灯控制电路引脚信息—检测危险警告灯控制电路—填写检测报告
搜集资讯的方式	线下图书与线上资源相结合。
资讯描述	1. 维修手册。 2. 危险警告灯控制电路元件插头引脚。
对学生的要求	1. 熟练使用维修资料。 2. 能正确辨认危险警告灯插头引脚。 3. 能正确辨认危险警告灯控制开关插头引脚。 4. 能正确辨认线束颜色。 5. 能够养成 6S 规范作业习惯 6. 能够培养团队意识、工匠精神、职业精神。
参考资料	《汽车电器系统检修》配套教材。

2. 辨认危险警告灯控制电路引脚信息的计划单

学习场	检修电器与控制系统	
学习情境十二	检测危险警告灯控制电路	
学时	0.2 学时	
典型工作过程描述	准备工作—查阅危险警告灯控制电路图—确认危险警告灯控制电路元件的安装位置—辨认危险警告灯控制电路引脚信息—检测危险警告灯控制电路—填写检测报告	
计划制订的方式	小组讨论。	
序　号	工　作　步　骤	注　意　事　项
1	查阅维修电路图。	页码、章节、型号选择正确。
2	拆下危险警告灯及控制开关插头。	拆卸方法正确。
3	对比维修资料中的引脚信息。	信息正确。
4	辨认线束颜色。	颜色正确。
计划评价	班级　　　　　　　　　　　第　　组　　　　组长签字 教师签字　　　　　　　　　日期 评语：	

3. 辨认危险警告灯控制电路引脚信息的决策单

学习场	检修电器与控制系统				
学习情境十二	检测危险警告灯控制电路				
学时	0.2 学时				
典型工作过程描述	准备工作—查阅危险警告灯控制电路图—确认危险警告灯控制电路元件的安装位置—**辨认危险警告灯控制电路引脚信息**—检测危险警告灯控制电路—填写检测报告				
计 划 对 比					
序 号	计划的可行性	计划的经济性	计划的可操作性	计划的实施难度	综合评价
1					
2					
3					
4					
决策评价	班级		第 组	组长签字	
	教师签字		日期		
	评语：				

4. 辨认危险警告灯控制电路引脚信息的实施单

学习场	检修电器与控制系统	
学习情境十二	检测危险警告灯控制电路	
学时	0.2 学时	
典型工作过程描述	准备工作—查阅危险警告灯控制电路图—确认危险警告灯控制电路元件的安装位置—**辨认危险警告灯控制电路引脚信息**—检测危险警告灯控制电路—填写检测报告	
序 号	实 施 步 骤	注 意 事 项
1	查阅维修电路图。 记录：	页码、章节、型号选择正确。
2	拆下危险警告灯及控制开关插头。 记录：	拆卸方法正确。
3	对比维修资料中的引脚信息。 记录：	信息正确。

| 4 | 辨认线束颜色。
记录： | | 颜色正确。 | |

实施说明：

实施评价

	班级		第　　组	组长签字	
	教师签字		日期		
	评语：				

5. 辨认危险警告灯控制电路引脚信息的检查单

学习场	检修电器与控制系统
学习情境十二	检测危险警告灯控制电路
学时	0.2 学时
典型工作过程描述	准备工作—查阅危险警告灯控制电路图—确认危险警告灯控制电路元件的安装位置—**辨认危险警告灯控制电路引脚信息**—检测危险警告灯控制电路—填写检测报告

序　号	检查项目	检查标准	学生自查	教师检查
1	查阅维修电路图	页码、章节、型号是否选择正确		
2	拆下危险警告灯及控制开关插头	拆卸方法是否正确		
3	对比维修资料中的引脚信息	信息是否正确		
4	辨认线束颜色			

检查评价

	班级		第　　组	组长签字	
	教师签字		日期		
	评语：				

6. 辨认危险警告灯控制电路引脚信息的评价单

学习场	检修电器与控制系统				
学习情境十二	检测危险警告灯控制电路				
学时	0.2 学时				
典型工作过程描述	准备工作—查阅危险警告灯控制电路图—确认危险警告灯控制电路元件的安装位置—**辨认危险警告灯控制电路引脚信息**—检测危险警告灯控制电路—填写检测报告				
评价项目	评价子项目	学生自评	组内评价	教师评价	
作业流程完整性	作业流程是否完整				
作业流程规范性	作业流程是否规范				
信息记录准确性	信息记录是否完整、准确				
6S 管理	是否做到 6S 管理				
评价的评价	班级		第 组	组长签字	
	教师签字		日期		
	评语:				

任务五 检测危险警告灯控制电路

1. 检测危险警告灯控制电路的资讯单

学习场	检修电器与控制系统
学习情境十二	检测危险警告灯控制电路
学时	0.2 学时
典型工作过程描述	准备工作—查阅危险警告灯控制电路图—确认危险警告灯控制电路元件的安装位置—辨认危险警告灯控制电路引脚信息—**检测危险警告灯控制电路**—填写检测报告
搜集资讯的方式	线下图书与线上资源相结合。
资讯描述	1. 维修手册。 2. 危险警告灯控制电路元件插头引脚信息。 3. 引脚与接地电压的标准值、标准波形。 4. 信号引脚与接地之间标准波形。
对学生的要求	1. 熟练使用维修手册。 2. 检测危险警告灯控制电路方法正确、规范。 3. 正确使用测量仪表。 4. 能够养成 6S 规范作业习惯。
参考资料	《汽车电器系统检修》配套教材。

学习情境十二　检测危险警告灯控制电路

2. 检测危险警告灯控制电路的计划单

学习场	检修电器与控制系统		
学习情境十二	检测危险警告灯控制电路		
学时	0.2学时		
典型工作过程描述	准备工作—查阅危险警告灯控制电路图—确认危险警告灯控制电路元件的安装位置—辨认危险警告灯控制电路引脚信息—**检测危险警告灯控制电路**—填写检测报告		
计划制订的方式	小组讨论。		
序　号	工　作　步　骤	注　意　事　项	
1	找到所测的熔丝、引脚。	所测引脚正确。	
2	检测熔丝两端电压、电阻。	检测方法正确、读数准确。	
3	检测危险警告灯及控制开关接地电压、供电电压、信号电压。	检测方法正确、读数准确。	
4	检测危险警告灯控制开关信号标准波形。	仪器连接正确，菜单、参数设置正确。	
5	记录检测数据、绘制波形。	数据、单位正确。	
计划评价	班级	第　　　组	组长签字
	教师签字	日期	
	评语：		

3. 检测危险警告灯控制电路的决策单

学习场	检修电器与控制系统				
学习情境十二	检测危险警告灯控制电路				
学时	0.2学时				
典型工作过程描述	准备工作—查阅危险警告灯控制电路图—确认危险警告灯控制电路元件的安装位置—辨认危险警告灯控制电路引脚信息—**检测危险警告灯控制电路**—填写检测报告				
	计　划　对　比				
序　　号	计划的可行性	计划的经济性	计划的可操作性	计划的实施难度	综 合 评 价
1					
2					
3					
4					
决策评价	班级		第　　　组	组长签字	
	教师签字		日期		
	评语：				

检修汽车电子电气与空调系统

4. 检测危险警告灯控制电路的实施单

学习场	检修电器与控制系统
学习情境十二	检测危险警告灯控制电路
学时	0.2 学时
典型工作过程描述	准备工作—查阅危险警告灯控制电路图—确认危险警告灯控制电路元件的安装位置—辨认危险警告灯控制电路引脚信息—**检测危险警告灯控制电路**—填写检测报告

序　号	实　施　步　骤	注　意　事　项
1	找到所测的熔丝、引脚。 记录：	所测引脚正确。
2	检测熔丝两端电压、电阻。 记录：	检测方法正确、读数准确。
3	检测危险警告灯及控制开关接地电压、供电电压、信号电压。 记录：	检测方法正确、读数准确。
4	检测危险警告灯控制开关信号标准波形。 记录：	仪器连接正确，菜单、参数设置正确。
5	记录检测数据、绘制波形。 记录：	数据、单位正确。

实施说明：

实施评价	班级		第　组	组长签字	
	教师签字		日期		
	评语：				

学习情境十二 检测危险警告灯控制电路

5. 检测危险警告灯控制电路的检查单

学习场	检修电器与控制系统			
学习情境十二	检测危险警告灯控制电路			
学时	0.2 学时			
典型工作过程描述	准备工作—查阅危险警告灯控制电路图—确认危险警告灯控制电路元件的安装位置—辨认危险警告灯控制电路引脚信息—**检测危险警告灯控制电路**—填写检测报告			
序 号	检 查 项 目	检 查 标 准	学 生 自 查	教 师 检 查
1	找到所测的熔丝、引脚	所测引脚是否正确		
2	检测熔丝两端电压、电阻	检测方法是否正确、读数是否准确		
3	检测危险警告灯及控制开关接地电压、供电电压、信号电压	检测方法是否正确、读数是否准确		
4	检测危险警告灯控制开关信号标准波形	仪器连接是否正确，菜单、参数设置是否正确		
5	记录检测数据、绘制波形	数据、单位是否正确		
检查评价	班级		第　　组	组长签字
	教师签字		日期	
	评语：			

6. 检测危险警告灯控制电路的评价单

学习场	检修电器与控制系统			
学习情境十二	检测危险警告灯控制电路			
学时	0.2 学时			
典型工作过程描述	准备工作—查阅危险警告灯控制电路图—确认危险警告灯控制电路元件的安装位置—辨认危险警告灯控制电路引脚信息—**检测危险警告灯控制电路**—填写检测报告			
评 价 项 目	评 价 子 项 目	学 生 自 评	组 内 评 价	教 师 评 价
作业流程完整性	作业流程是否完整			
作业流程规范性	作业流程是否规范			
信息记录完整准确性	信息记录是否完整、准确			
分析判断结果正确性	分析判断结果是否正确			
6S 管理	是否做到 6S 管理			
评价的评价	班级		第　　组	组长签字
	教师签字		日期	
	评语：			

任务六　填写检测报告

1. 填写检测报告的资讯单

学习场	检修电器与控制系统
学习情境十二	检测危险警告灯控制电路
学时	0.2 学时
典型工作过程描述	准备工作—查阅危险警告灯控制电路图—确认危险警告灯控制电路元件的安装位置—辨认危险警告灯控制电路引脚信息—检测危险警告灯控制电路—**填写检测报告**
搜集资讯的方式	线下图书与线上资源相结合。
资讯描述	1. 学会对比分析测量数据。 2. 提出正确的维修建议。
对学生的要求	1. 正确分析测量数据。 2. 提出正确的维修建议。 3. 能够养成 6S 规范作业习惯。
参考资料	《汽车电器系统检修》配套教材。

2. 填写检测报告的计划单

学习场	检修电器与控制系统		
学习情境十二	检测危险警告灯控制电路		
学时	0.2 学时		
典型工作过程描述	准备工作—查阅危险警告灯控制电路图—确认危险警告灯控制电路元件的安装位置—辨认危险警告灯控制电路引脚信息—检测危险警告灯控制电路—**填写检测报告**		
计划制订的方式	小组讨论。		
序　号	工 作 步 骤	注 意 事 项	
1	对比分析测量数据。	分析正确、全面、透彻。	
2	提出正确的维修建议。	建议简单明了。	
计划评价	班级　　　　　　　第　　组　　组长签字		
	教师签字　　　　　　　日期		
	评语：		

3. 填写检测报告的决策单

学习场	检修电器与控制系统
学习情境十二	检测危险警告灯控制电路
学时	0.2 学时
典型工作过程描述	准备工作—查阅危险警告灯控制电路图—确认危险警告灯控制电路元件的安装位置—辨认危险警告灯控制电路引脚信息—检测危险警告灯控制电路—**填写检测报告**

学习情境十二 检测危险警告灯控制电路

计 划 对 比					
序　　号	计划的可行性	计划的经济性	计划的可操作性	计划的实施难度	综 合 评 价
1					
2					
3					
4					
决策评价	班级		第　　　组		组长签字	
	教师签字		日期			
	评语：					

4. 填写检测报告的实施单

学习场	检修电器与控制系统
学习情境十二	检测危险警告灯控制电路
学时	0.2 学时
典型工作过程描述	准备工作—查阅危险警告灯控制电路图—确认危险警告灯控制电路元件的安装位置—辨认危险警告灯控制电路引脚信息—检测危险警告灯控制电路—填写检测报告
序　　号	实 施 步 骤	注 意 事 项
1	对比分析测量数据。 记录：	分析正确、全面、透彻。
2	提出正确的维修建议。 记录：	建议简单明了。
实施说明：		
实施评价	班级		第　　　组		组长签字	
	教师签字		日期			
	评语：					

219

5. 填写检测报告的检查单

学习场	检修电器与控制系统			
学习情境十二	检测危险警告灯控制电路			
学时	0.2 学时			
典型工作过程描述	准备工作—查阅危险警告灯控制电路图—确认危险警告灯控制电路元件的安装位置—辨认危险警告灯控制电路引脚信息—检测危险警告灯控制电路—**填写检测报告**			
序 号	检 查 项 目	检 查 标 准	学 生 自 查	教 师 检 查
1	对比分析测量数据	数据分析是否正确、全面、透彻		
2	提出正确的维修建议	维修建议是否合理		
检查评价	班级		第　　　组	组长签字
	教师签字		日期	
	评语：			

6. 填写检测报告的评价单

学习场	检修电器与控制系统			
学习情境十二	检测危险警告灯控制电路			
学时	0.2 学时			
典型工作过程描述	准备工作—查阅危险警告灯控制电路图—确认危险警告灯控制电路元件的安装位置—辨认危险警告灯控制电路引脚信息—检测危险警告灯控制电路—**填写检测报告**			
评 价 项 目	评 价 子 项 目	学生自评	组内评价	教师评价
对比分析测量数据	测量数据分析是否全面、透彻			
提出正确的维修建议	维修建议是否合理			
评价的评价	班级		第　　　组	组长签字
	教师签字		日期	
	评语：			

学习情境十三 检测制动灯控制电路

任务一 检测制动灯控制电路的准备工作

1. 检测制动灯控制电路准备工作的资讯单

学习场	检修电器与控制系统
学习情境十三	检测制动灯控制电路
学时	0.1 学时
典型工作过程描述	准备工作—查阅制动灯控制电路图—确认制动灯控制电路元件的安装位置—辨认制动灯控制电路引脚信息—检测制动灯控制电路—填写检测报告
搜集资讯的方式	线下图书与线上资源相结合。
资讯描述	1. 制动灯的作用。 2. 制动灯控制电路的工作原理。 3. 检测仪器的使用方法。
对学生的要求	1. 掌握制动灯作用的知识。 2. 掌握制动灯控制电路的组成、工作原理。 3. 掌握检测仪器的使用方法。 4. 准备工具与设备。 5. 能够养成 6S 规范作业习惯。 6. 能够培养团队意识、工匠精神、职业精神。
参考资料	《汽车电器系统检修》配套教材。

2. 检测制动灯控制电路准备工作的计划单

学习场	检修电器与控制系统	
学习情境十三	检测制动灯控制电路	
学时	0.1 学时	
典型工作过程描述	准备工作—查阅制动灯控制电路图—确认制动灯控制电路元件的安装位置—辨认制动灯控制电路引脚信息—检测制动灯控制电路—填写检测报告	
计划制订的方式	小组讨论。	
序 号	工 作 步 骤	注 意 事 项
1	制动灯控制电路元件的作用。	描述清楚。
2	制动灯控制电路的组成、工作原理。	描述清楚、完整。
3	检测仪器的使用方法。	参数单位和仪器菜单、挡位的选择。
4	准备工具与设备。	型号选择正确。

检修汽车电子电气与空调系统

计划评价	班级		第 组		组长签字	
	教师签字		日期			
	评语：					

3. 检测制动灯控制电路准备工作的决策单

学习场	检修电器与控制系统				
学习情境十三	检测制动灯控制电路				
学时	0.1 学时				
典型工作过程描述	**准备工作**—查阅制动灯控制电路图—确认制动灯控制电路元件的安装位置—辨认制动灯控制电路引脚信息—检测制动灯控制电路—填写检测报告				
计 划 对 比					
序 号	计划的可行性	计划的经济性	计划的可操作性	计划的实施难度	综 合 评 价
1					
2					
3					
4					
决策评价	班级		第 组		组长签字	
	教师签字		日期			
	评语：					

4. 检测制动灯控制电路准备工作的实施单

学习场	检修电器与控制系统	
学习情境十三	检测制动灯控制电路	
学时	0.1 学时	
典型工作过程描述	**准备工作**—查阅制动灯控制电路图—确认制动灯控制电路元件的安装位置—辨认制动灯控制电路引脚信息—检测制动灯控制电路—填写检测报告	
序 号	实 施 步 骤	注 意 事 项
1	制动灯的作用。 记录：	描述清楚。
2	制动灯控制电路的组成、工作原理。 记录：	描述清楚、完整。

学习情境十三 检测制动灯控制电路

3	检测仪器的使用方法。 记录：	注意参数单位和仪器菜单、挡位的选择。
4	准备工具与设备。 记录：	型号选择正确。

实施说明：

实施评价	班级		第 组	组长签字	
	教师签字		日期		
	评语：				

5. 检测制动灯控制电路准备工作的检查单

学习场	检修电器与控制系统
学习情境十三	检测制动灯控制电路
学时	0.1学时
典型工作过程描述	准备工作—查阅制动灯控制电路图—确认制动灯控制电路元件的安装位置—辨认制动灯控制电路引脚信息—检测制动灯控制电路—填写检测报告

序 号	检 查 项 目	检 查 标 准	学 生 自 查	教 师 检 查
1	制动灯控制电路元件作用	是否描述清楚		
2	制动灯控制电路组成、工作原理	是否描述清楚、完整		
3	检测仪器的使用方法	型号选择是否正确		
4	准备工具与设备	工具是否准备齐全		

检查评价	班级		第 组	组长签字	
	教师签字		日期		
	评语：				

6. 检测制动灯控制电路准备工作的评价单

学习场	检修电器与控制系统			
学习情境十三	检测制动灯控制电路			
学时	0.1学时			
典型工作过程描述	准备工作—查阅制动灯控制电路图—确认制动灯控制电路元件的安装位置—辨认制动灯控制电路引脚信息—检测制动灯控制电路—填写检测报告			
评 价 项 目	评价子项目	学 生 自 评	组 内 评 价	教 师 评 价
制动灯控制电路元件作用	描述清楚			
制动灯控制电路组成、工作原理	描述清楚、完整			
检测仪器的使用方法	参数单位和仪器菜单、挡位的选择正确			
准备工具与设备	型号选择正确			
评价的评价	班级		第 组	组长签字
	教师签字		日期	
	评语:			

任务二　查阅制动灯控制电路图

1. 查阅制动灯控制电路图的资讯单

学习场	检修电器与控制系统
学习情境十三	检测制动灯控制电路
学时	0.1学时
典型工作过程描述	准备工作—**查阅制动灯控制电路图**—确认制动灯控制电路元件的安装位置—辨认制动灯控制电路引脚信息—检测制动灯控制电路—填写检测报告
搜集资讯的方式	线下图书与线上资源相结合。
资讯描述	1. 了解车辆的基本信息。 2. 学会获取发动机型号的方法。 3. 学会电路图的识读方法。
对学生的要求	1. 能确认车辆的基本信息。 2. 能确认发动机型号。 3. 能熟练查阅制动灯控制电路图。 4. 会绘制制动灯控制电路原理简图。 5. 能够养成6S规范作业习惯。 6. 能够培养团队意识、工匠精神、职业精神。
参考资料	《汽车电器系统检修》配套教材。

学习情境十三　检测制动灯控制电路

2. 查阅制动灯控制电路图的计划单

学习场	检修电器与控制系统			
学习情境十三	检测制动灯控制电路			
学时	0.1 学时			
典型工作过程描述	准备工作—**查阅制动灯控制电路图**—确认制动灯控制电路元件的安装位置—辨认制动灯控制电路引脚信息—检测制动灯控制电路—填写检测报告			
计划制订的方式	小组讨论。			
序　号	工　作　步　骤		注　意　事　项	
1	确认车辆基本信息。		准确核查车辆信息。	
2	确认发动机型号。		准确核查发动机信息。	
3	查阅制动灯控制电路图。		型号、页码、章节选择正确。	
4	绘制制动灯控制电路原理简图。		引脚信息标注正确。	
计划评价	班级		第　　组	组长签字
	教师签字		日期	
	评语：			

3. 查阅制动灯控制电路图的决策单

学习场	检修电器与控制系统				
学习情境十三	检测制动灯控制电路				
学时	0.1 学时				
典型工作过程描述	准备工作—**查阅制动灯控制电路图**—确认制动灯控制电路元件的安装位置—辨认制动灯控制电路引脚信息—检测制动灯控制电路—填写检测报告				
计　划　对　比					
序　号	计划的可行性	计划的经济性	计划的可操作性	计划的实施难度	综合评价
1					
2					
3					
4					
决策评价	班级		第　　组		组长签字
	教师签字		日期		
	评语：				

4. 查阅制动灯控制电路图的实施单

学习场	检修电器与控制系统	
学习情境十三	检测制动灯控制电路	
学时	0.1学时	
典型工作过程描述	准备工作—**查阅制动灯控制电路图**—确认制动灯控制电路元件的安装位置—辨认制动灯控制电路引脚信息—检测制动灯控制电路—填写检测报告	
序 号	实 施 步 骤	注 意 事 项
1	确认车辆的基本信息。 记录：	准确核查车辆信息。
2	确认发动机型号。 记录：	准确核查发动机信息。
3	查阅制动灯控制电路图。 记录：	型号、页码、章节选择正确。
4	绘制制动灯控制电路原理简图。 记录：	引脚信息标注正确。
实施说明：		
实施评价	班级： 　　　　　　第 组 　　组长签字 教师签字： 　　　　　　日期 评语：	

学习情境十三　检测制动灯控制电路

5. 查阅制动灯控制电路图的检查单

学习场	检修电器与控制系统			
学习情境十三	检测制动灯控制电路			
学时	0.1学时			
典型工作过程描述	准备工作—**查阅制动灯控制电路图**—确认制动灯控制电路元件的安装位置—辨认制动灯控制电路引脚信息—检测制动灯控制电路—填写检测报告			
序　号	检 查 项 目	检 查 标 准	学生自查	教师检查
1	确认车辆基本信息	准确核查车辆信息		
2	确认发动机型号	准确核查发动机信息		
3	查阅制动灯控制电路图	型号、页码、章节选择正确		
4	绘制制动灯控制电路原理简图	引脚信息标注正确		
检查评价	班级		第　　　组	组长签字
	教师签字		日期	
	评语：			

6. 查阅制动灯控制电路图的评价单

学习场	检修电器与控制系统			
学习情境十三	检测制动灯控制电路			
学时	0.1学时			
典型工作过程描述	准备工作—**查阅制动灯控制电路图**—确认制动灯控制电路元件的安装位置—辨认制动灯控制电路引脚信息—检测制动灯控制电路—填写检测报告			
评 价 项 目	评价子项目	学生自评	组内评价	教师评价
确认车辆的基本信息	车辆基本信息是否正确			
确认发动机型号	发动机型号是否正确			
查阅制动灯控制电路图	查阅方法是否正确、完整			
绘制制动灯控制电路原理简图	电路原理简图是否正确			
评价的评价	班级		第　　　组	组长签字
	教师签字		日期	
	评语：			

任务三 确认制动灯控制电路元件的安装位置

1. 确认制动灯控制电路元件的安装位置的资讯单

学习场	检修电器与控制系统
学习情境十三	检测制动灯控制电路
学时	0.2 学时
典型工作过程描述	准备工作—查阅制动灯控制电路图—**确认制动灯控制电路元件的安装位置**—辨认制动灯控制电路引脚信息—检测制动灯控制电路—填写检测报告
搜集资讯的方式	线下图书与线上资源相结合。
资讯描述	1. 查阅维修手册。 2. 确认车辆信息。
对学生的要求	1. 能正确查阅维修手册。 2. 能正确确认制动灯控制电路元件的安装位置。 3. 能够养成 6S 规范作业习惯。 4. 能够培养团队意识、工匠精神、职业精神。
参考资料	《汽车电器系统检修》配套教材。

2. 确认制动灯控制电路元件的安装位置的计划单

学习场	检修电器与控制系统		
学习情境十三	检测制动灯控制电路		
学时	0.2 学时		
典型工作过程描述	准备工作—查阅制动灯控制电路图—**确认制动灯控制电路元件的安装位置**—辨认制动灯控制电路引脚信息—检测制动灯控制电路—填写检测报告		
计划制订的方式	小组讨论。		
序 号	工 作 步 骤	注 意 事 项	
1	查阅维修手册。	章节、页码、型号选择正确。	
2	在车辆上辨认制动灯控制电路元件的安装位置。	指认位置正确。	
计划评价	班级 第 组 组长签字 教师签字 日期 评语：		

学习情境十三 检测制动灯控制电路

3. 确认制动灯控制电路元件的安装位置的决策单

学习场	检修电器与控制系统				
学习情境十三	检测制动灯控制电路				
学时	0.2学时				
典型工作过程描述	准备工作—查阅制动灯控制电路图—**确认制动灯控制电路元件的安装位置**—辨认制动灯控制电路引脚信息—检测制动灯控制电路—填写检测报告				
计 划 对 比					
序 号	计划的可行性	计划的经济性	计划的可操作性	计划的实施难度	综 合 评 价
1					
2					
3					
4					
决策评价	班级		第 组	组长签字	
	教师签字		日期		
	评语:				

4. 确认制动灯控制电路元件的安装位置的实施单

学习场	检修电器与控制系统	
学习情境十三	检测制动灯控制电路	
学时	0.2学时	
典型工作过程描述	准备工作—查阅制动灯控制电路图—**确认制动灯控制电路元件的安装位置**—辨认制动灯控制电路引脚信息—检测制动灯控制电路—填写检测报告	
序 号	实 施 步 骤	注 意 事 项
1	查阅维修手册。 记录:	章节、页码、型号选择正确。
2	在车辆上辨认制动灯控制电路元件的安装位置。 记录:	指认位置正确。
实施说明:		
实施评价	班级		第 组	组长签字	
	教师签字		日期		
	评语:				

5. 确认制动灯控制电路元件的安装位置的检查单

学习场	检修电器与控制系统			
学习情境十三	检测制动灯控制电路			
学时	0.2 学时			
典型工作过程描述	准备工作—查阅制动灯控制电路图—**确认制动灯控制电路元件的安装位置**—辨认制动灯控制电路引脚信息—检测制动灯控制电路—填写检测报告			
序 号	检 查 项 目	检 查 标 准	学生自查	教师检查
1	查阅维修手册	章节、页码、型号是否选择正确		
2	在车辆上辨认制动灯控制电路元件的安装位置	指认位置是否正确		
检查评价	班级		第　　组	组长签字
	教师签字		日期	
	评语:			

6. 确认制动灯控制电路元件的安装位置的评价单

学习场	检修电器与控制系统			
学习情境十三	检测制动灯控制电路			
学时	0.2 学时			
典型工作过程描述	准备工作—查阅制动灯控制电路图—**确认制动灯控制电路元件的安装位置**—辨认制动灯控制电路引脚信息—检测制动灯控制电路—填写检测报告			
评价项目	评价子项目	学生自评	组内评价	教师评价
作业流程完整性	作业流程是否完整			
作业流程规范性	作业流程是否规范			
评价的评价	班级		第　　组	组长签字
	教师签字		日期	
	评语:			

学习情境十三 检测制动灯控制电路

任务四 辨认制动灯控制电路引脚信息

1. 辨认制动灯控制电路引脚信息的资讯单

学习场	检修电器与控制系统
学习情境十三	检测制动灯控制电路
学时	0.2 学时
典型工作过程描述	准备工作—查阅制动灯控制电路图—确认制动灯控制电路元件的安装位置—**辨认制动灯控制电路引脚信息**—检测制动灯控制电路—填写检测报告
搜集资讯的方式	线下图书与线上资源相结合。
资讯描述	1. 维修手册。 2. 制动灯控制电路元件插头引脚。
对学生的要求	1. 熟练使用维修资料。 2. 能正确辨认制动灯插头引脚。 3. 能正确辨认制动灯控制开关插头引脚。 4. 能正确辨认线束颜色。 5. 能够养成 6S 规范作业习惯。 6. 能够培养团队意识、工匠精神、职业精神。
参考资料	《汽车电器系统检修》配套教材。

2. 辨认制动灯控制电路引脚信息的计划单

学习场		检修电器与控制系统		
学习情境十三		检测制动灯控制电路		
学时		0.2 学时		
典型工作过程描述		准备工作—查阅制动灯控制电路图—确认制动灯控制电路元件的安装位置—**辨认制动灯控制电路引脚信息**—检测制动灯控制电路—填写检测报告		
计划制订的方式		小组讨论。		
序 号		工 作 步 骤	注 意 事 项	
1		查阅维修电路图。	页码、章节、型号选择正确。	
2		拆下制动灯及控制开关插头。	拆卸方法正确。	
3		对比维修资料中的引脚信息。	信息正确。	
4		辨认线束颜色。	颜色正确。	
计划评价		班级	第 组	组长签字
		教师签字	日期	
		评语:		

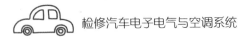

3. 辨认制动灯控制电路引脚信息的决策单

学习场	检修电器与控制系统				
学习情境十三	检测制动灯控制电路				
学时	0.2 学时				
典型工作过程描述	准备工作—查阅制动灯控制电路图—确认制动灯控制电路元件的安装位置—**辨认制动灯控制电路引脚信息**—检测制动灯控制电路—填写检测报告				
计 划 对 比					
序 号	计划的可行性	计划的经济性	计划的可操作性	计划的实施难度	综 合 评 价
1					
2					
3					
4					
决策评价	班级		第　组		组长签字
	教师签字		日期		
	评语：				

4. 辨认制动灯控制电路引脚信息的实施单

学习场	检修电器与控制系统
学习情境十三	检测制动灯控制电路
学时	0.2 学时
典型工作过程描述	准备工作—查阅制动灯控制电路图—确认制动灯控制电路元件的安装位置—**辨认制动灯控制电路引脚信息**—检测制动灯控制电路—填写检测报告

序 号	实 施 步 骤	注 意 事 项
1	查阅维修电路图。 记录：	页码、章节、型号选择正确。
2	拆下制动灯及控制开关插头。 记录：	拆卸方法正确。
3	对比维修资料中的引脚信息。 记录：	信息正确。

| 4 | 辨认线束颜色。
记录： | | 颜色正确。 | |

实施说明：

实施评价	班级		第 组	组长签字	
	教师签字		日期		
	评语：				

5. 辨认制动灯控制电路引脚信息的检查单

学习场	检修电器与控制系统
学习情境十三	检测制动灯控制电路
学时	0.2 学时
典型工作过程描述	准备工作—查阅制动灯控制电路图—确认制动灯控制电路元件的安装位置—**辨认制动灯控制电路引脚信息**—检测制动灯控制电路—填写检测报告

序 号	检查项目	检查标准	学生自查	教师检查
1	查阅维修电路图	页码、章节、型号是否选择正确		
2	拆下制动灯及控制开关插头	拆卸方法是否正确		
3	对比维修资料中的引脚信息	信息是否正确		
4	辨认线束颜色	颜色是否正确		

检查评价	班级		第 组	组长签字	
	教师签字		日期		
	评语：				

6. 辨认制动灯控制电路引脚信息的评价单

学习场	检修电器与控制系统			
学习情境十三	检测制动灯控制电路			
学时	0.2 学时			
典型工作过程描述	准备工作—查阅制动灯控制电路图—确认制动灯控制电路元件的安装位置—**辨认制动灯控制电路引脚信息**—检测制动灯控制电路—填写检测报告			
评价项目	评价子项目	学生自评	组内评价	教师评价
作业流程完整性	作业流程是否完整			
作业流程规范性	作业流程是否规范			
信息记录准确性	信息记录是否完整、准确			
6S 管理	是否做到 6S 管理			
评价的评价	班级		第 组	组长签字
	教师签字		日期	
	评语:			

任务五　检测制动灯控制电路

1. 检测制动灯控制电路的资讯单

学习场	检修电器与控制系统
学习情境十三	检测制动灯控制电路
学时	0.2 学时
典型工作过程描述	准备工作—查阅制动灯控制电路图—确认制动灯控制电路元件的安装位置—辨认制动灯控制电路引脚信息—**检测制动灯控制电路**—填写检测报告
搜集资讯的方式	线下图书与线上资源相结合。
资讯描述	1. 维修手册。 2. 制动灯控制电路元件插头引脚信息。 3. 引脚与接地电压的标准值、标准波形。 4. 信号引脚与接地之间标准波形。
对学生的要求	1. 熟练使用维修手册。 2. 检测制动灯控制电路方法正确、规范。 3. 正确使用测量仪表。 4. 能够养成 6S 规范作业习惯。
参考资料	《汽车电器系统检修》配套教材。

学习情境十三　检测制动灯控制电路

2. 检测制动灯控制电路的计划单

学习场	检修电器与控制系统	
学习情境十三	检测制动灯控制电路	
学时	0.2 学时	
典型工作过程描述	准备工作—查阅制动灯控制电路图—确认制动灯控制电路元件的安装位置—辨认制动灯控制电路引脚信息—**检测制动灯控制电路**—填写检测报告	
计划制订的方式	小组讨论。	
序　号	工　作　步　骤	注　意　事　项
1	找到所测的熔丝、引脚。	所测引脚正确。
2	检测熔丝两端电压、电阻。	检测方法正确、读数准确。
3	检测制动灯及控制开关接地电压、供电电压、信号电压。	检测方法正确、读数准确。
4	检测制动灯控制开关信号标准波形。	仪器连接正确，菜单、参数设置正确。
5	记录检测数据、绘制波形。	数据、单位正确。
计划评价	班级　　　　　　第　组　　组长签字 教师签字　　　　　　日期 评语：	

3. 检测制动灯控制电路的决策单

学习场	检修电器与控制系统				
学习情境十三	检测制动灯控制电路				
学时	0.2 学时				
典型工作过程描述	准备工作—查阅制动灯控制电路图—确认制动灯控制电路元件的安装位置—辨认制动灯控制电路引脚信息—**检测制动灯控制电路**—填写检测报告				
	计　划　对　比				
序　号	计划的可行性	计划的经济性	计划的可操作性	计划的实施难度	综　合　评　价
1					
2					
3					
4					
决策评价	班级　　　　　　第　组　　组长签字 教师签字　　　　　　日期 评语：				

4. 检测制动灯控制电路的实施单

学习场	检修电器与控制系统
学习情境十三	检测制动灯控制电路
学时	0.2 学时
典型工作过程描述	准备工作—查阅制动灯控制电路图—确认制动灯控制电路元件的安装位置—辨认制动灯控制电路引脚信息—**检测制动灯控制电路**—填写检测报告

序 号	实 施 步 骤	注 意 事 项
1	找到所测的熔丝、引脚。 记录：	所测引脚正确。
2	检测熔丝两端电压，电阻。 记录：	检测方法正确、读数准确。
3	检测制动灯及控制开关接地电压、供电电压、信号电压。 记录：	检测方法正确、读数准确。
4	检测制动灯控制开关信号标准波形。 记录：	仪器连接正确，菜单、参数设置正确。
5	记录检测数据、绘制波形。 记录：	数据、单位正确。

实施说明：

实施评价	班级		第 组	组长签字	
	教师签字		日期		
	评语：				

学习情境十三　检测制动灯控制电路

5. 检测制动灯控制电路的检查单

学习场	检修电器与控制系统			
学习情境十三	检测制动灯控制电路			
学时	0.2 学时			
典型工作过程描述	准备工作—查阅制动灯控制电路图—确认制动灯控制电路元件的安装位置—辨认制动灯控制电路引脚信息—**检测制动灯控制电路**—填写检测报告			
序　号	检 查 项 目	检 查 标 准	学 生 自 查	教 师 检 查
1	找到所测的熔丝、引脚	所测引脚是否正确		
2	检测熔丝两端电压、电阻	检测方法是否正确、读数是否准确		
3	检测制动灯及控制开关接地电压、供电电压、信号电压	检测方法是否正确、读数是否准确		
4	检测制动灯控制开关信号标准波形	仪器连接是否正确，菜单、参数设置是否正确		
5	记录检测数据、绘制波形	数据、单位是否正确		
检查评价	班级		第　　组	组长签字
	教师签字		日期	
	评语：			

6. 检测制动灯控制电路的评价单

学习场	检修电器与控制系统			
学习情境十三	检测制动灯控制电路			
学时	0.2 学时			
典型工作过程描述	准备工作—查阅制动灯控制电路图—确认制动灯控制电路元件的安装位置—辨认制动灯控制电路引脚信息—**检测制动灯控制电路**—填写检测报告			
评价项目	评价子项目	学生自评	组内评价	教师评价
作业流程完整性	作业流程是否完整			
作业流程规范性	作业流程是否规范			
信息记录完整准确性	信息记录是否完整、准确			
分析判断结果正确性	分析判断结果是否正确			
6S 管理	是否做到 6S 管理			
评价的评价	班级		第　　组	组长签字
	教师签字		日期	
	评语：			

任务六　填写检测报告

1. 填写检测报告的资讯单

学习场	检修电器与控制系统
学习情境十三	检测制动灯控制电路
学时	0.2 学时
典型工作过程描述	准备工作—查阅制动灯控制电路图—确认制动灯控制电路元件的安装位置—辨认制动灯控制电路引脚信息—检测制动灯控制电路—**填写检测报告**
搜集资讯的方式	线下图书与线上资源相结合。
资讯描述	1. 学会对比分析测量数据。 2. 提出正确的维修建议。
对学生的要求	1. 正确分析测量数据。 2. 提出正确的维修建议。 3. 能够养成 6S 规范作业习惯。
参考资料	《汽车电器系统检修》配套教材。

2. 填写检测报告的计划单

学习场	检修电器与控制系统		
学习情境十三	检测制动灯控制电路		
学时	0.2 学时		
典型工作过程描述	准备工作—查阅制动灯控制电路图—确认制动灯控制电路元件的安装位置—辨认制动灯控制电路引脚信息—检测制动灯控制电路—**填写检测报告**		
计划制订的方式	小组讨论。		
序　号	工 作 步 骤	注 意 事 项	
1	对比分析测量数据。	分析正确、全面、透彻。	
2	提出正确的维修建议。	建议简单明了。	
计划评价	班级 　　　　　　第　　组　　组长签字		
	教师签字　　　　　　　日期		
	评语：		

3. 填写检测报告的决策单

学习场	检修电器与控制系统
学习情境十三	检测制动灯控制电路
学时	0.2 学时
典型工作过程描述	准备工作—查阅制动灯控制电路图—确认制动灯控制电路元件的安装位置—辨认制动灯控制电路引脚信息—检测制动灯控制电路—**填写检测报告**

学习情境十三 检测制动灯控制电路

		计 划 对 比			
序 号	计划的可行性	计划的经济性	计划的可操作性	计划的实施难度	综 合 评 价
1					
2					
3					
4					
决策评价	班级		第 组	组长签字	
	教师签字		日期		
	评语：				

4. 填写检测报告的实施单

学习场	检修电器与控制系统
学习情境十三	检测制动灯控制电路
学时	0.2 学时
典型工作过程描述	准备工作—查阅制动灯控制电路图—确认制动灯控制电路元件的安装位置—辨认制动灯控制电路引脚信息—检测制动灯控制电路—**填写检测报告**

序 号	实 施 步 骤	注 意 事 项
1	对比分析测量数据。 **记录：**	分析正确、全面、透彻。
2	提出正确的维修建议。 **记录：**	建议简单明了。

实施说明：

实施评价	班级		第 组	组长签字	
	教师签字		日期		
	评语：				

5. 填写检测报告的检查单

学习场	检修电器与控制系统
学习情境十三	检测制动灯控制电路
学时	0.2 学时
典型工作过程描述	准备工作—查阅制动灯控制电路图—确认制动灯控制电路元件的安装位置—辨认制动灯控制电路引脚信息—检测制动灯控制电路—**填写检测报告**

检修汽车电子电气与空调系统

序 号	检 查 项 目	检 查 标 准	学 生 自 查	教 师 检 查
1	对比分析测量数据	数据分析是否正确、全面、透彻		
2	提出正确的维修建议	维修建议是否合理		
检查评价	班级		第 组	组长签字	
	教师签字		日期		
	评语:				

6. 填写检测报告的评价单

学习场	检修电器与控制系统			
学习情境十三	检测制动灯控制电路			
学时	0.2学时			
典型工作过程描述	准备工作—查阅制动灯控制电路图—确认制动灯控制电路元件的安装位置—辨认制动灯控制电路引脚信息—检测制动灯控制电路—填写检测报告			
评价项目	评价子项目	学生自评	组内评价	教师评价
对比分析测量数据	测量数据分析是否全面、透彻			
提出正确的维修建议	维修建议是否合理			
评价的评价	班级		第 组	组长签字	
	教师签字		日期		
	评语:				

学习情境十四　检测空调制冷性能

任务一　检测空调制冷性能的准备工作

1. 检测空调制冷性能准备工作的资讯单

学习场	检修空调系统
学习情境十四	检测空调制冷性能
学时	0.1 学时
典型工作过程描述	准备工作—安装安全防护用具—检查发动机运行前的状况—检测空调系统性能—填写检测报告
搜集资讯的方式	线下图书与线上资源相结合。
资讯描述	1. 空调制冷系统的组成。 2. 空调制冷系统工作原理。 3. 空调诊断仪的使用方法。
对学生的要求	1. 掌握空调制冷系统组成的知识。 2. 掌握空调制冷系统工作原理。 3. 掌握空调诊断仪的使用方法。 4. 准备工具与设备。 5. 能够养成 6S 规范作业习惯。 6. 能够培养团队意识、工匠精神、职业精神。
参考资料	《汽车空调系统检修》配套教材。

2. 检测空调制冷性能准备工作的计划单

学习场	检修空调系统	
学习情境十四	检测空调制冷性能	
学时	0.1 学时	
典型工作过程描述	准备工作—安装安全防护用具—检查发动机运行前的状况—检测空调系统性能—填写检测报告	
计划制订的方式	小组讨论。	
序号	工作步骤	注意事项
1	空调制冷系统的组成。	描述清楚。
2	空调制冷系统工作原理。	描述清楚。
3	空调诊断仪的使用方法。	参数单位、菜单的选择正确。
4	准备工具与设备。	型号选择正确。

检修汽车电子电气与空调系统

计划评价	班级		第 组		组长签字	
	教师签字		日期			
	评语：					

3. 检测空调制冷性能准备工作的决策单

学习场	检修空调系统
学习情境十四	检测空调制冷性能
学时	0.1学时
典型工作过程描述	准备工作—安装安全防护用具—检查发动机运行前的状况—检测空调系统性能—填写检测报告

计 划 对 比						
序 号	计划的可行性	计划的经济性	计划的可操作性	计划的实施难度	综 合 评 价	
1						
2						
3						
4						

决策评价	班级		第 组		组长签字	
	教师签字		日期			
	评语：					

4. 检测空调制冷性能准备工作的实施单

学习场	检修空调系统
学习情境十四	检测空调制冷性能
学时	0.1学时
典型工作过程描述	准备工作—安装安全防护用具—检查发动机运行前的状况—检测空调系统性能—填写检测报告

序 号	实 施 步 骤	注 意 事 项
1	空调制冷系统的组成。 记录：	描述清楚。
2	空调制冷系统工作原理。 记录：	描述清楚。

学习情境十四　检测空调制冷性能

3	空调诊断仪的使用方法。 记录：	注意参数的单位和菜单的选择。
4	准备工具与设备。 记录：	型号选择正确。

实施说明：

实施评价	班级		第　　组	组长签字	
	教师签字		日期		
	评语：				

5. 检测空调制冷性能准备工作的检查单

学习场	检修空调系统
学习情境十四	检测空调制冷性能
学时	0.1 学时
典型工作过程描述	准备工作—安装安全防护用具—检查发动机运行前的状况—检测空调系统性能—填写检测报告

序　号	检查项目	检查标准	学生自查	教师检查
1	空调制冷系统的组成	是否描述清楚		
2	空调制冷系统工作原理	是否描述清楚		
3	空调诊断仪的使用方法	参数单位、菜单的选择是否正确		
4	准备工具与设备	型号选择是否正确		

检查评价	班级		第　　组	组长签字	
	教师签字		日期		
	评语：				

6. 检测空调制冷性能准备工作的评价单

学习场	检修空调系统				
学习情境十四	检测空调制冷性能				
学时	0.1 学时				
典型工作过程描述	准备工作—安装安全防护用具—检查发动机运行前的状况—检测空调系统性能—填写检测报告				
评 价 项 目	评价子项目	学 生 自 评	组 内 评 价	教 师 评 价
空调制冷系统的组成	描述清楚			
空调制冷系统工作原理	描述清楚			
空调诊断仪的使用方法	参数单位、菜单的选择正确			
准备工具与设备	型号选择正确			
评价的评价	班级		第 组	组长签字	
	教师签字		日期		
	评语:				

任务二 安装安全防护用具

1. 安装安全防护用具的资讯单

学习场	检修空调系统
学习情境十四	检测空调制冷性能
学时	0.1 学时
典型工作过程描述	准备工作—**安装安全防护用具**—检查发动机运行前的状况—检测空调系统性能—填写检测报告
搜集资讯的方式	线下图书与线上资源相结合。
资讯描述	1. 了解安全防护用具有哪些。 2. 安全防护用具的正确安装方法。
对学生的要求	1. 能正确安装翼子板布、前格栅布。 2. 能正确安装室内四件套。 3. 能正确安装车轮挡块。 4. 能正确安装尾气排放管。 5. 能够养成 6S 规范作业习惯。 6. 能够培养团队意识、工匠精神、职业精神。
参考资料	《汽车空调系统检修》配套教材。

学习情境十四 检测空调制冷性能

2. 安装安全防护用具的计划单

学习场	检修空调系统			
学习情境十四	检测空调制冷性能			
学时	0.1学时			
典型工作过程描述	准备工作—**安装安全防护用具**—检查发动机运行前的状况—检测空调系统性能—填写检测报告			
计划制订的方式	小组讨论。			
序 号	工 作 步 骤		注 意 事 项	
1	安装翼子板布、前格栅布。		方向、位置。	
2	安装室内四件套。		安装是否正确。	
3	安装车轮挡块。		位置。	
4	安装尾气排放管。		安装牢靠。	
计划评价	班级		第 组	组长签字
	教师签字		日期	
	评语:			

3. 安装安全防护用具的决策单

学习场	检修空调系统				
学习情境十四	检测空调制冷性能				
学时	0.1学时				
典型工作过程描述	准备工作—**安装安全防护用具**—检查发动机运行前的状况—检测空调系统性能—填写检测报告				
	计 划 对 比				
序 号	计划的可行性	计划的经济性	计划的可操作性	计划的实施难度	综 合 评 价
1					
2					
3					
4					
决策评价	班级		第 组	组长签字	
	教师签字		日期		
	评语:				

245

4. 安装安全防护用具的实施单

学习场	检修空调系统
学习情境十四	检测空调制冷性能
学时	0.1 学时
典型工作过程描述	准备工作—**安装安全防护用具**—检查发动机运行前的状况—检测空调系统性能—填写检测报告

序　号	实 施 步 骤	注 意 事 项
1	安装翼子板布、前格栅布。 记录：	方向、位置。
2	安装室内四件套。 记录：	安装是否正确。
3	安装车轮挡块。 记录：	位置。
4	安装尾气排放管。 记录：	安装牢靠。

实施说明：

实施评价	班级		第　　组	组长签字	
	教师签字		日期		
	评语：				

5. 安装安全防护用具的检查单

学习场	检修空调系统			
学习情境十四	检测空调制冷性能			
学时	0.1 学时			
典型工作过程描述	准备工作—**安装安全防护用具**—检查发动机运行前的状况—检测空调系统性能—填写检测报告			
序 号	检 查 项 目	检 查 标 准	学生自查	教师检查
1	安装翼子板布、前格栅布	安装是否正确		
2	安装室内四件套	安装是否正确		
3	安装车轮挡块	安装是否正确		
4	安装尾气排放管	安装是否牢靠		
检查评价	班级		第 组	组长签字
	教师签字		日期	
	评语:			

6. 安装安全防护用具的评价单

学习场	检修空调系统			
学习情境十四	检测空调制冷性能			
学时	0.1 学时			
典型工作过程描述	准备工作—**安装安全防护用具**—检查发动机运行前的状况—检测空调系统性能—填写检测报告			
评价项目	评价子项目	学 生 自 评	组 内 评 价	教 师 评 价
作业流程完整性	作业流程是否完整			
作业流程规范性	作业流程是否规范			
6S 管理	是否做到 6S 管理			
评价的评价	班级		第 组	组长签字
	教师签字		日期	
	评语:			

任务三 检查发动机运行前的状况

1. 检查发动机运行前的状况的资讯单

学习场	检修空调系统
学习情境十四	检测空调制冷性能
学时	0.2 学时
典型工作过程描述	准备工作—安装安全防护用具—**检查发动机运行前的状况**—检测空调系统性能—填写检测报告
搜集资讯的方式	线下图书与线上资源相结合。
资讯描述	1. 查阅标准值。 2. 机油液位的检查方法。 3. 防冻液液位的检查方法。 4. 蓄电池电压的检测方法。
对学生的要求	1. 能正确查阅标准值。 2. 能正确检查机油液位。 3. 能正确检查防冻液液位。 4. 能正确检测蓄电池电压。 5. 能够养成 6S 规范作业习惯。 6. 能够培养团队意识、工匠精神、职业精神。
参考资料	《汽车空调系统检修》配套教材。

2. 检查发动机运行前的状况的计划单

学习场	检修空调系统	
学习情境十四	检测空调制冷性能	
学时	0.2 学时	
典型工作过程描述	准备工作—安装安全防护用具—**检查发动机运行前的状况**—检测空调系统性能—填写检测报告	
计划制订的方式	小组讨论。	
序 号	工 作 步 骤	注 意 事 项
1	查阅标准值。	章节、页码、型号。
2	检查机油液位。	检查方法。
3	检查防冻液液位。	检查方法。
4	检测蓄电池电压。	检查方法、单位。
计划评价	班级　　　　　　第　　组　　组长签字 教师签字　　　　　　日期 评语：	

学习情境十四 检测空调制冷性能

3. 检查发动机运行前的状况的决策单

学习场	检修空调系统				
学习情境十四	检测空调制冷性能				
学时	0.2学时				
典型工作过程描述	准备工作—安装安全防护用具—检查发动机运行前的状况—检测空调系统性能—填写检测报告				
计 划 对 比					
序　号	计划的可行性	计划的经济性	计划的可操作性	计划的实施难度	综 合 评 价
1					
2					
3					
4					
决策评价	班级		第　　组	组长签字	
	教师签字		日期		
	评语:				

4. 检查发动机运行前的状况的实施单

学习场	检修空调系统	
学习情境十四	检测空调制冷性能	
学时	0.2学时	
典型工作过程描述	准备工作—安装安全防护用具—检查发动机运行前的状况—检测空调系统性能—填写检测报告	
序　号	实 施 步 骤	注 意 事 项
1	查阅标准值。 记录:	章节、页码、型号。
2	检查机油液位。 记录:	检查方法。
3	检查防冻液液位。 记录:	检查方法。

4	检测蓄电池电压。 记录：	检查方法、单位。

实施说明：

实施评价	班级		第 组		组长签字	
	教师签字		日期			
	评语：					

5. 检查发动机运行前的状况的检查单

学习场	检修空调系统			
学习情境十四	检测空调制冷性能			
学时	0.2 学时			
典型工作过程描述	准备工作—安装安全防护用具—**检查发动机运行前的状况**—检测空调系统性能—填写检测报告			
序 号	检查项目	检查标准	学生自查	教师检查
1	查阅标准值	章节、页码、型号是否选择正确		
2	检查机油液位	检查方法是否正确		
3	检查防冻液液位	检查方法是否正确		
4	检测蓄电池电压	检查方法、单位是否正确		
检查评价	班级		第 组	组长签字	
	教师签字		日期		
	评语：				

学习情境十四　检测空调制冷性能

6. 检查发动机运行前的状况的评价单

学习场	检修空调系统			
学习情境十四	检测空调制冷性能			
学时	0.2 学时			
典型工作过程描述	准备工作—安装安全防护用具—**检查发动机运行前的状况**—检测空调系统性能—填写检测报告			
评价项目	评价子项目	学生自评	组内评价	教师评价
作业流程完整性	作业流程是否完整			
作业流程规范性	作业流程是否规范			
评价的评价	班级		第　　组	组长签字	
	教师签字		日期		
	评语：				

任务四　检测空调系统性能

1. 检测空调系统性能的资讯单

学习场	检修空调系统
学习情境十四	检测空调制冷性能
学时	0.2 学时
典型工作过程描述	准备工作—安装安全防护用具—检查发动机运行前的状况—**检测空调系统性能**—填写检测报告
搜集资讯的方式	线下图书与线上资源相结合。
资讯描述	1. 查阅标准值。 2. 诊断仪悬挂的方法。 3. 诊断仪高低压管路传感器连接方法。 4. 温度传感器的连接方法。 5. 仪器参数设置方法。 6. THR 传感器的使用方法。
对学生的要求	1. 能正确查阅标准值。 2. 能正确悬挂诊断仪。 3. 能正确连接诊断仪高低压管路传感器。 4. 能正确连接温度传感器。 5. 能正确设置仪器参数。 6. 能正确使用 THR 传感器检测温度。 7. 能正确使用诊断仪检测空调制冷性能值。 8. 能够养成 6S 规范作业习惯。 9. 能够培养团队意识、工匠精神、职业精神。
参考资料	《汽车空调系统检修》配套教材。

2. 检测空调系统性能的计划单

学习场	检修空调系统			
学习情境十四	检测空调制冷性能			
学时	0.2 学时			
典型工作过程描述	准备工作—安装安全防护用具—检查发动机运行前的状况—**检测空调系统性能**—填写检测报告			
计划制订的方式	小组讨论。			
序　号	工 作 步 骤		注 意 事 项	
1	查阅标准值。		页码、章节、型号。	
2	悬挂诊断仪。		悬挂的位置。	
3	连接诊断仪高低压管路传感器。		传感器安装位置。	
4	连接温度传感器。		传感器安装位置、序号。	
5	设置仪器参数。		单位、菜单选择正确。	
6	使用 THR 传感器检测温度。		检测位置。	
7	使用诊断仪检测空调制冷性能值。		数据的读取时刻、单位。	
计划评价	班级		第　组	组长签字
	教师签字		日期	
	评语：			

3. 检测空调系统性能的决策单

学习场	检修空调系统				
学习情境十四	检测空调制冷性能				
学时	0.2 学时				
典型工作过程描述	准备工作—安装安全防护用具—检查发动机运行前的状况—**检测空调系统性能**—填写检测报告				
计 划 对 比					
序　号	计划的可行性	计划的经济性	计划的可操作性	计划的实施难度	综 合 评 价
1					
2					
3					
4					
决策评价	班级		第　组	组长签字	
	教师签字		日期		
	评语：				

学习情境十四 检测空调制冷性能

4. 检测空调系统性能的实施单

学习场	检修空调系统
学习情境十四	检测空调制冷性能
学时	0.2 学时
典型工作过程描述	准备工作—安装安全防护用具—检查发动机运行前的状况—**检测空调系统性能**—填写检测报告

序 号	实 施 步 骤	注 意 事 项
1	查阅标准值。 记录：	页码、章节、型号。
2	悬挂诊断仪。 记录：	断面宽度单位。
3	连接诊断仪高低压管路传感器。 记录：	传感器安装位置。
4	连接温度传感器。 记录：	传感器安装位置、序号。
5	设置仪器参数。 记录：	单位、菜单选择正确。
6	使用 THR 传感器检测温度。 记录：	检测位置。
7	使用诊断仪检测空调制冷性能值。 记录：	数据的读取时刻、单位。

实施说明:	

实施评价	班级		第 组	组长签字	
	教师签字		日期		
	评语：				

5. 检测空调系统性能的检查单

学习场	检修空调系统			
学习情境十四	检测空调制冷性能			
学时	0.2 学时			
典型工作过程描述	准备工作—安装安全防护用具—检查发动机运行前的状况—**检测空调系统性能**—填写检测报告			
序 号	检 查 项 目	检 查 标 准	学 生 自 查	教 师 检 查
1	查阅标准值	页码、章节、型号是否选择正确		
2	悬挂诊断仪	悬挂的位置是否正确		
3	连接诊断仪高低压管路传感器	传感器安装位置是否正确		
4	连接温度传感器	传感器安装位置、序号是否正确		
5	设置仪器参数	单位、菜单选择是否正确		
6	使用 THR 传感器检测温度	检测位置是否正确		
7	使用诊断仪检测空调制冷性能值	数据的读取时刻、单位是否正确		
检查评价	班级		第　　组	组长签字	
	教师签字		日期		
	评语：				

6. 检测空调系统性能的评价单

学习场	检修空调系统		
学习情境十四	检测空调制冷性能		
学时	0.2 学时		
典型工作过程描述	准备工作—安装安全防护用具—检查发动机运行前的状况—**检测空调系统性能**—填写检测报告		
评价项目	评价子项目	学 生 自 评	组 内 评 价	教 师 评 价
作业流程完整性	作业流程是否完整			
作业流程规范性	作业流程是否规范			
评价的评价	班级		第　　组	组长签字	
	教师签字		日期		
	评语：				

任务五 填写检测报告

1. 填写检测报告的资讯单

学习场	检修空调系统
学习情境十四	检测空调制冷性能
学时	0.2 学时
典型工作过程描述	准备工作—安装安全防护用具—检查发动机运行前的状况—检测空调系统性能—填写检测报告
搜集资讯的方式	线下图书与线上资源相结合。
资讯描述	1. 学会对比分析测量数据。 2. 提出正确的维修建议。
对学生的要求	1. 正确分析测量数据。 2. 提出正确的维修建议。 3. 能够养成 6S 规范作业习惯。
参考资料	《汽车空调系统检修》配套教材。

2. 填写检测报告的计划单

学习场	检修空调系统				
学习情境十四	检测空调制冷性能				
学时	0.2 学时				
典型工作过程描述	准备工作—安装安全防护用具—检查发动机运行前的状况—检测空调系统性能—填写检测报告				
计划制订的方式	小组讨论。				
序 号	工 作 步 骤		注 意 事 项		
1	对比分析测量数据。		分析正确、全面、透彻。		
2	提出正确的维修建议。		建议简单明了。		
计划评价	班级		第 组	组长签字	
	教师签字		日期		
	评语:				

3. 填写检测报告的决策单

学习场	检修空调系统				
学习情境十四	检测空调制冷性能				
学时	0.2 学时				
典型工作过程描述	准备工作—安装安全防护用具—检查发动机运行前的状况—检测空调系统性能—**填写检测报告**				
计 划 对 比					
序 号	计划的可行性	计划的经济性	计划的可操作性	计划的实施难度	综合评价
1					
2					
3					
4					
决策评价	班级		第 组	组长签字	
	教师签字		日期		
	评语:				

4. 填写检测报告的实施单

学习场	检修空调系统	
学习情境十四	检测空调制冷性能	
学时	0.2 学时	
典型工作过程描述	准备工作—安装安全防护用具—检查发动机运行前的状况—检测空调系统性能—**填写检测报告**	
序 号	实 施 步 骤	注 意 事 项
1	对比分析测量数据。 记录:	分析正确、全面、透彻。
2	提出正确的维修建议。 记录:	建议简单明了。
实施说明:		
实施评价	班级	第 组	组长签字	
	教师签字	日期		
	评语:			

学习情境十四 检测空调制冷性能

5. 填写检测报告的检查单

学习场	检修空调系统			
学习情境十四	检测空调制冷性能			
学时	0.2 学时			
典型工作过程描述	准备工作—安装安全防护用具—检查发动机运行前的状况—检测空调系统性能—填写检测报告			
序 号	检 查 项 目	检 查 标 准	学 生 自 查	教 师 检 查
1	对比分析测量数据	数据分析是否正确、全面、透彻		
2	提出正确的维修建议	维修建议是否合理		
检查评价	班级		第 组	组长签字
	教师签字		日期	
	评语:			

6. 填写检测报告的评价单

学习场	检修空调系统			
学习情境十四	检测空调制冷性能			
学时	0.2 学时			
典型工作过程描述	准备工作—安装安全防护用具—检查发动机运行前的状况—检测空调系统性能—填写检测报告			
评 价 项 目	评价子项目	学 生 自 评	组 内 评 价	教 师 评 价
对比分析测量数据	测量数据分析是否全面、透彻			
提出正确的维修建议	维修建议是否合理			
评价的评价	班级		第 组	组长签字
	教师签字		日期	
	评语:			

257

学习情境十五　检测空调制冷系统控制电路

任务一　检测空调制冷系统控制电路的准备工作

1. 检测空调制冷系统控制电路准备工作的资讯单

学习场	检修空调系统
学习情境十五	检测空调制冷系统控制电路
学时	0.1 学时
典型工作过程描述	**准备工作**—查阅空调制冷系统控制电路图—确认空调制冷系统控制电路元件安装位置—辨认空调制冷系统控制电路引脚信息—检测空调制冷系统控制电路—填写检测报告
搜集资讯的方式	线下图书与线上资源相结合。
资讯描述	1. AC 开关、控制单元、压缩机的作用。 2. 空调制冷系统控制电路工作原理。 3. 检测仪器的使用方法。
对学生的要求	1. 掌握 AC 开关、控制单元、压缩机作用的知识。 2. 掌握空调制冷系统控制电路组成、工作原理。 3. 掌握检测仪器的使用方法。 4. 准备工具与设备。 5. 能够养成 6S 规范作业习惯。 6. 能够培养团队意识、工匠精神、职业精神。
参考资料	《汽车空调系统检修》配套教材。

2. 检测空调制冷系统控制电路准备工作的计划单

学习场	检修空调系统	
学习情境十五	检测空调制冷系统控制电路	
学时	0.1 学时	
典型工作过程描述	**准备工作**—查阅空调制冷系统控制电路图—确认空调制冷系统控制电路元件安装位置—辨认空调制冷系统控制电路引脚信息—检测空调制冷系统控制电路—填写检测报告	
计划制订的方式	小组讨论。	
序　号	工 作 步 骤	注 意 事 项
1	AC 开关、控制单元、压缩机的作用。	描述清楚。
2	空调制冷系统控制电路组成、工作原理。	描述清楚、完整。
3	检测仪器的使用方法。	参数单位和仪器菜单、挡位的选择。
4	准备工具与设备。	型号选择正确。

学习情境十五 检测空调制冷系统控制电路

计划评价	班级		第 组		组长签字	
	教师签字		日期			
	评语：					

3. 检测空调制冷系统控制电路准备工作的决策单

学习场	检修空调系统				
学习情境十五	检测空调制冷系统控制电路				
学时	0.1 学时				
典型工作过程描述	准备工作—查阅空调制冷系统控制电路图—确认空调制冷系统控制电路元件安装位置—辨认空调制冷系统控制电路引脚信息—检测空调制冷系统控制电路—填写检测报告				
计 划 对 比					
序 号	计划的可行性	计划的经济性	计划的可操作性	计划的实施难度	综合评价
1					
2					
3					
4					

决策评价	班级		第 组		组长签字	
	教师签字		日期			
	评语：					

4. 检测空调制冷系统控制电路准备工作的实施单

学习场	检修空调系统	
学习情境十五	检测空调制冷系统控制电路	
学时	0.1 学时	
典型工作过程描述	准备工作—查阅空调制冷系统控制电路图—确认空调制冷系统控制电路元件安装位置—辨认空调制冷系统控制电路引脚信息—检测空调制冷系统控制电路—填写检测报告	
序 号	实 施 步 骤	注 意 事 项
1	AC 开关、控制单元、压缩机的作用。 记录：	描述清楚。
2	空调制冷系统控制电路组成、工作原理。 记录：	描述清楚、完整。

259

3	检测仪器的使用方法。 记录：	注意参数单位和仪器菜单、挡位的选择。
4	准备工具与设备。 记录：	型号选择正确。

实施说明：					
实施评价	班级		第 组	组长签字	
	教师签字		日期		
	评语：				

5. 检测空调制冷系统控制电路准备工作的检查单

学习场	检修空调系统
学习情境十五	检测空调制冷系统控制电路
学时	0.1 学时
典型工作过程描述	准备工作—查阅空调制冷系统控制电路图—确认空调制冷系统控制电路元件安装位置—辨认空调制冷系统控制电路引脚信息—检测空调制冷系统控制电路—填写检测报告

序 号	检查项目	检查标准	学生自查	教师检查
1	AC开关、控制单元、压缩机的作用	是否描述清楚		
2	空调制冷系统控制电路组成、工作原理	是否描述清楚、完整		
3	检测仪器的使用方法	参数单位、菜单的选择是否正确		
4	准备工具与设备	型号选择是否正确		

检查评价	班级		第 组	组长签字	
	教师签字		日期		
	评语：				

学习情境十五 检测空调制冷系统控制电路

6. 检测空调制冷系统控制电路准备工作的评价单

学习场	检修空调系统				
学习情境十五	检测空调制冷系统控制电路				
学时	0.1 学时				
典型工作过程描述	**准备工作**—查阅空调制冷系统控制电路图—确认空调制冷系统控制电路元件安装位置—辨认空调制冷系统控制电路引脚信息—检测空调制冷系统控制电路—填写检测报告				
评价项目	评价子项目	学生自评	组内评价	教师评价	
AC 开关、控制单元、压缩机的作用	描述清楚				
空调制冷系统控制电路组成、工作原理	描述清楚、完整				
检测仪器的使用方法	参数单位和仪器菜单、挡位的选择				
准备工具与设备	型号选择正确				
评价的评价	班级		第 组	组长签字	
	教师签字		日期		
	评语：				

任务二 查阅空调制冷系统控制电路图

1. 查阅空调制冷系统控制电路图的资讯单

学习场	检修空调系统
学习情境十五	检测空调制冷系统控制电路
学时	0.1 学时
典型工作过程描述	准备工作—**查阅空调制冷系统控制电路图**—确认空调制冷系统控制电路元件安装位置—辨认空调制冷系统控制电路引脚信息—检测空调制冷系统控制电路—填写检测报告
搜集资讯的方式	线下图书与线上资源相结合。
资讯描述	1. 了解车辆基本信息有哪些。 2. 学会获取发动机型号。 3. 获取电路图的识读方法。
对学生的要求	1. 能确认车辆基本信息。 2. 能确认发动机型号。 3. 熟练查阅空调制冷系统控制电路图。 4. 会绘制空调制冷系统控制电路原理简图。 5. 能够养成 6S 规范作业习惯。 6. 能够培养团队意识、工匠精神、职业精神。
参考资料	《汽车空调系统检修》配套教材。

2. 查阅空调制冷系统控制电路图的计划单

学习场	检修空调系统		
学习情境十五	检测空调制冷系统控制电路		
学时	0.1学时		
典型工作过程描述	准备工作—**查阅空调制冷系统控制电路图**—确认空调制冷系统控制电路元件安装位置—辨认空调制冷系统控制电路引脚信息—检测空调制冷系统控制电路—填写检测报告		
计划制订的方式	小组讨论。		
序 号	工 作 步 骤	注 意 事 项	
1	确认车辆基本信息。	准确核查车辆信息。	
2	确认发动机型号。	准确核查发动机信息。	
3	查阅空调制冷系统控制电路图。	型号、页码、章节选择正确。	
4	绘制空调制冷系统控制电路原理简图。	引脚信息标注正确。	
计划评价	班级		第 组	组长签字	
	教师签字		日期		
	评语:				

3. 查阅空调制冷系统控制电路图的决策单

学习场	检修空调系统				
学习情境十五	检测空调制冷系统控制电路				
学时	0.1学时				
典型工作过程描述	准备工作—**查阅空调制冷系统控制电路图**—确认空调制冷系统控制电路元件安装位置—辨认空调制冷系统控制电路引脚信息—检测空调制冷系统控制电路—填写检测报告				
计 划 对 比					
序 号	计划的可行性	计划的经济性	计划的可操作性	计划的实施难度	综 合 评 价
1					
2					
3					
4					
决策评价	班级		第 组	组长签字	
	教师签字		日期		
	评语:				

学习情境十五 检测空调制冷系统控制电路

4. 查阅空调制冷系统控制电路图的实施单

学习场	检修空调系统			
学习情境十五	检测空调制冷系统控制电路			
学时	0.1 学时			
典型工作过程描述	准备工作—**查阅空调制冷系统控制电路图**—确认空调制冷系统控制电路元件安装位置—辨认空调制冷系统控制电路引脚信息—检测空调制冷系统控制电路—填写检测报告			
序 号	实 施 步 骤		注 意 事 项	
1	确认车辆基本信息。 记录：		准确核查车辆信息。	
2	确认发动机型号。 记录：		准确核查发动机信息。	
3	查阅空调制冷系统控制电路图。 记录：		型号、页码、章节选择正确。	
4	绘制空调制冷系统控制电路原理简图。 记录：		引脚信息标注正确。	
实施说明：				
实施评价	班级		第 组	组长签字
	教师签字		日期	
	评语：			

5. 查阅空调制冷系统控制电路图的检查单

学习场	检修空调系统
学习情境十五	检测空调制冷系统控制电路
学时	0.1 学时
典型工作过程描述	准备工作—**查阅空调制冷系统控制电路图**—确认空调制冷系统控制电路元件安装位置—辨认空调制冷系统控制电路引脚信息—检测空调制冷系统控制电路—填写检测报告

263

序 号	检 查 项 目	检 查 标 准	学生自查	教师检查
1	确认车辆基本信息	准确核查车辆信息		
2	确认发动机型号	准确核查发动机信息		
3	查阅空调制冷系统控制电路图	型号、页码、章节选择正确		
4	绘制空调制冷系统控制电路原理简图	引脚信息标注正确		
检查评价	班级		第 组	组长签字	
	教师签字		日期		
	评语:				

6. 查阅空调制冷系统控制电路图的评价单

学习场	检修空调系统			
学习情境十五	检测空调制冷系统控制电路			
学时	0.1 学时			
典型工作过程描述	准备工作—**查阅空调制冷系统控制电路图**—确认空调制冷系统控制电路元件安装位置—辨认空调制冷系统控制电路引脚信息—检测空调制冷系统控制电路—填写检测报告			
评价项目	评价子项目	学生自评	组内评价	教师评价
确认车辆基本信息	车辆基本信息是否正确			
确认发动机型号	发动机型号是否正确			
查阅空调制冷系统控制电路图	查阅方法是否正确、完整			
绘制空调制冷系统控制电路原理简图	电路原理简图是否正确			
评价的评价	班级		第 组	组长签字	
	教师签字		日期		
	评语:				

学习情境十五 检测空调制冷系统控制电路

任务三 确认空调制冷系统控制电路元件安装位置

1. 确认空调制冷系统控制电路元件安装位置的资讯单

学习场	检修空调系统
学习情境十五	检测空调制冷系统控制电路
学时	0.2 学时
典型工作过程描述	准备工作—查阅空调制冷系统控制电路图—确认空调制冷系统控制电路元件安装位置—辨认空调制冷系统控制电路引脚信息—检测空调制冷系统控制电路—填写检测报告
搜集资讯的方式	线下图书与线上资源相结合。
资讯描述	1. 查阅维修手册。 2. 确认车辆信息。
对学生的要求	1. 能正确查阅维修手册。 2. 能正确确认 AC 开关、控制单元、压缩机的安装位置。 3. 能够养成 6S 规范作业习惯。 4. 能够培养团队意识、工匠精神、职业精神。
参考资料	《汽车空调系统检修》配套教材。

2. 确认空调制冷系统控制电路元件安装位置的计划单

学习场	检修空调系统		
学习情境十五	检测空调制冷系统控制电路		
学时	0.2 学时		
典型工作过程描述	准备工作—查阅空调制冷系统控制电路图—确认空调制冷系统控制电路元件安装位置—辨认空调制冷系统控制电路引脚信息—检测空调制冷系统控制电路—填写检测报告		
计划制订的方式	小组讨论。		
序 号	工 作 步 骤	注 意 事 项	
1	查阅维修手册。	章节、页码、型号选择正确。	
2	在车辆上辨认 AC 开关、控制单元、压缩机的安装位置。	指认位置正确。	
计划评价	班级 第 组 组长签字		
	教师签字 日期		
	评语：		

3. 确认空调制冷系统控制电路元件安装位置的决策单

学习场	检修空调系统				
学习情境十五	检测空调制冷系统控制电路				
学时	0.2 学时				
典型工作过程描述	准备工作—查阅空调制冷系统控制电路图—**确认空调制冷系统控制电路元件安装位置**—辨认空调制冷系统控制电路引脚信息—检测空调制冷系统控制电路—填写检测报告				
计 划 对 比					
序 号	计划的可行性	计划的经济性	计划的可操作性	计划的实施难度	综 合 评 价
1					
2					
3					
4					
决策评价	班级		第 组	组长签字	
	教师签字		日期		
	评语:				

4. 确认空调制冷系统控制电路元件安装位置的实施单

学习场	检修空调系统	
学习情境十五	检测空调制冷系统控制电路	
学时	0.2 学时	
典型工作过程描述	准备工作—查阅空调制冷系统控制电路图—**确认空调制冷系统控制电路元件安装位置**—辨认空调制冷系统控制电路引脚信息—检测空调制冷系统控制电路—填写检测报告	
序 号	实 施 步 骤	注 意 事 项
1	查阅维修手册。 记录:	章节、页码、型号选择正确。
2	在车辆上辨认 AC 开关、控制单元、压缩机的安装位置。 记录:	指认位置正确。
实施说明:		
实施评价	班级		第 组	组长签字	
	教师签字		日期		
	评语:				

学习情境十五 检测空调制冷系统控制电路

5. 确认空调制冷系统控制电路元件安装位置的检查单

学习场	检修空调系统			
学习情境十五	检测空调制冷系统控制电路			
学时	0.2 学时			
典型工作过程描述	准备工作—查阅空调制冷系统控制电路图—**确认空调制冷系统控制电路元件安装位置**—辨认空调制冷系统控制电路引脚信息—检测空调制冷系统控制电路—填写检测报告			
序 号	检 查 项 目	检 查 标 准	学 生 自 查	教 师 检 查
1	查阅维修手册	章节、页码、型号是否选择正确		
2	在车辆上辨认 AC 开关、控制单元、压缩机的安装位置	指认位置是否正确		
检查评价	班级		第 组	组长签字
	教师签字		日期	
	评语:			

6. 确认空调制冷系统控制电路元件安装位置的评价单

学习场	检修空调系统			
学习情境十五	检测空调制冷系统控制电路			
学时	0.2 学时			
典型工作过程描述	准备工作—查阅空调制冷系统控制电路图—**确认空调制冷系统控制电路元件安装位置**—辨认空调制冷系统控制电路引脚信息—检测空调制冷系统控制电路—填写检测报告			
评 价 项 目	评价子项目	学 生 自 评	组 内 评 价	教 师 评 价
作业流程完整性	作业流程是否完整			
作业流程规范性	作业流程是否规范			
评价的评价	班级		第 组	组长签字
	教师签字		日期	
	评语:			

任务四　辨认空调制冷系统控制电路引脚信息

1. 辨认空调制冷系统控制电路引脚信息的资讯单

学习场	检修空调系统
学习情境十五	检测空调制冷系统控制电路
学时	0.2 学时
典型工作过程描述	准备工作—查阅空调制冷系统控制电路图—确认空调制冷系统控制电路元件安装位置—**辨认空调制冷系统控制电路引脚信息**—检测空调制冷系统控制电路—填写检测报告
搜集资讯的方式	线下图书与线上资源相结合。
资讯描述	1. 维修手册。 2. AC 开关、控制单元、压缩机插头引脚。
对学生的要求	1. 熟练使用维修资料。 2. 能正确辨认空调制冷系统插头引脚。 3. 能正确辨认控制单元插头引脚。 4. 能正确辨认线束颜色。 5. 能够养成 6S 规范作业习惯。 6. 能够培养团队意识、工匠精神、职业精神。
参考资料	《汽车空调系统检修》配套教材。

2. 辨认空调制冷系统控制电路引脚信息的计划单

学习场	检修空调系统	
学习情境十五	检测空调制冷系统控制电路	
学时	0.2 学时	
典型工作过程描述	准备工作—查阅空调制冷系统控制电路图—确认空调制冷系统控制电路元件安装位置—**辨认空调制冷系统控制电路引脚信息**—检测空调制冷系统控制电路—填写检测报告	
计划制订的方式	小组讨论。	
序　号	工作步骤	注意事项
1	查阅维修电路图。	页码、章节、型号选择正确。
2	拆下 AC 开关、控制单元、压缩机插头。	拆卸方法正确。
3	对比维修资料中的引脚信息。	信息正确。
4	辨认线束颜色。	颜色正确。
计划评价	班级　　　　　　　　第　　组　　　组长签字 教师签字　　　　　　　　日期 评语：	

学习情境十五 检测空调制冷系统控制电路

3. 辨认空调制冷系统控制电路引脚信息的决策单

学习场	检修空调系统				
学习情境十五	检测空调制冷系统控制电路				
学时	0.2 学时				
典型工作过程描述	准备工作—查阅空调制冷系统控制电路图—确认空调制冷系统控制电路元件安装位置—辨认空调制冷系统控制电路引脚信息—检测空调制冷系统控制电路—填写检测报告				
计 划 对 比					
序 号	计划的可行性	计划的经济性	计划的可操作性	计划的实施难度	综 合 评 价
1					
2					
3					
4					
决策评价	班级		第 组	组长签字	
	教师签字		日期		
	评语:				

4. 辨认空调制冷系统控制电路引脚信息的实施单

学习场	检修空调系统	
学习情境十五	检测空调制冷系统控制电路	
学时	0.2 学时	
典型工作过程描述	准备工作—查阅空调制冷系统控制电路图—确认空调制冷系统控制电路元件安装位置—辨认空调制冷系统控制电路引脚信息—检测空调制冷系统控制电路—填写检测报告	
序 号	实 施 步 骤	注 意 事 项
1	查阅维修电路图。 记录:	页码、章节、型号选择正确。
2	拆下 AC 开关、控制单元、压缩机插头。 记录:	拆卸方法正确。
3	对比维修资料中的引脚信息。 记录:	信息正确。

269

4	辨认线束颜色。 **记录：**	颜色正确。

实施说明：

	班级		第 组	组长签字	
实施评价	教师签字		日期		
	评语：				

5. 辨认空调制冷系统控制电路引脚信息的检查单

学习场	检修空调系统
学习情境十五	检测空调制冷系统控制电路
学时	0.2 学时
典型工作过程描述	准备工作—查阅空调制冷系统控制电路图—确认空调制冷系统控制电路元件安装位置—**辨认空调制冷系统控制电路引脚信息**—检测空调制冷系统控制电路—填写检测报告

序 号	检 查 项 目	检 查 标 准	学 生 自 查	教 师 检 查
1	查阅维修电路图	页码、章节、型号是否选择正确		
2	拆下 AC 开关、控制单元、压缩机插头	拆卸方法是否正确		
3	对比维修资料中的引脚信息	信息是否正确		
4	辨认线束颜色	颜色是否正确		

	班级		第 组	组长签字	
检查评价	教师签字		日期		
	评语：				

6. 辨认空调制冷系统控制电路引脚信息的评价单

学习场	检修空调系统
学习情境十五	检测空调制冷系统控制电路
学时	0.2 学时
典型工作过程描述	准备工作—查阅空调制冷系统控制电路图—确认空调制冷系统控制电路元件安装位置—**辨认空调制冷系统控制电路引脚信息**—检测空调制冷系统控制电路—填写检测报告

学习情境十五 检测空调制冷系统控制电路

评 价 项 目	评 价 子 项 目	学 生 自 评	组 内 评 价	教 师 评 价
作业流程完整性	作业流程是否完整			
作业流程规范性	作业流程是否规范			
信息记录准确性	信息记录是否完整、准确			
6S 管理	是否做到 6S 管理			
评价的评价	班级		第 组	组长签字
	教师签字		日期	
	评语:			

任务五 检测空调制冷系统控制电路

1. 检测空调制冷系统控制电路的资讯单

学习场	检修空调系统
学习情境十五	检测空调制冷系统控制电路
学时	0.2 学时
典型工作过程描述	准备工作—查阅空调制冷系统控制电路图—确认空调制冷系统控制电路元件安装位置—辨认空调制冷系统控制电路引脚信息—**检测空调制冷系统控制电路**—填写检测报告
搜集资讯的方式	线下图书与线上资源相结合。
资讯描述	1. 维修手册。 2. AC 开关、控制单元、压缩机插头引脚信息。 3. 引脚与接地电压的标准值、标准波形。 4. 信号引脚与接地之间标准波形。
对学生的要求	1. 熟练使用维修手册。 2. 检测空调制冷系统控制电路方法正确、规范。 3. 正确使用测量仪表。 4. 能够养成 6S 规范作业习惯。
参考资料	《汽车空调系统检修》配套教材。

2. 检测空调制冷系统控制电路的计划单

学习场	检修空调系统
学习情境十五	检测空调制冷系统控制电路
学时	0.2 学时
典型工作过程描述	准备工作—查阅空调制冷系统控制电路图—确认空调制冷系统控制电路元件安装位置—辨认空调制冷系统控制电路引脚信息—**检测空调制冷系统控制电路**—填写检测报告
计划制订的方式	小组讨论。

271

序 号	工 作 步 骤	注 意 事 项
1	找到所测的保险丝、继电器、引脚。	所测引脚正确。
2	检测保险丝两端电压、电阻。	检测方法正确、读数准确。
3	检测继电器工作状况。	检测方法正确、读数准确。
4	检测 AC 开关、控制单元、压缩机供电电压、接地电压、信号电压。	检测方法正确、读数准确。
5	检测空调制冷系统控制单元信号标准波形。	仪器连接正确，菜单、参数设置正确。
6	记录检测数据、绘制波形。	数据、单位正确。

计划评价	班级		第 组	组长签字	
	教师签字		日期		
	评语：				

3. 检测空调制冷系统控制电路的决策单

学习场	检修空调系统				
学习情境十五	检测空调制冷系统控制电路				
学时	0.2 学时				
典型工作过程描述	准备工作—查阅空调制冷系统控制电路图—确认空调制冷系统控制电路元件安装位置—辨认空调制冷系统控制电路引脚信息—**检测空调制冷系统控制电路**—填写检测报告				
计 划 对 比					
序 号	计划的可行性	计划的经济性	计划的可操作性	计划的实施难度	综合评价
1					
2					
3					
4					

决策评价	班级		第 组	组长签字	
	教师签字		日期		
	评语：				

4. 检测空调制冷系统控制电路的实施单

学习场	检修空调系统
学习情境十五	检测空调制冷系统控制电路
学时	0.2 学时
典型工作过程描述	准备工作—查阅空调制冷系统控制电路图—确认空调制冷系统控制电路元件安装位置—辨认空调制冷系统控制电路引脚信息—**检测空调制冷系统控制电路**—填写检测报告

学习情境十五 检测空调制冷系统控制电路

序 号	实 施 步 骤	注 意 事 项
1	找到所测的保险丝、继电器、引脚。 记录：	所测引脚正确。
2	检测保险丝两端电压、电阻。 记录：	检测方法正确、读数准确。
3	检测继电器工作状况。 记录：	检测方法正确、读数准确。
4	检测 AC 开关、控制单元、压缩机供电电压、接地电压、信号电压。 记录：	检测方法正确、读数准确。
5	检测空调制冷系统控制单元信号标准波形。 记录：	仪器连接正确，菜单、参数设置正确。
6	记录检测数据、绘制波形。 记录：	数据、单位正确。

实施说明：

实施评价	班级		第 组	组长签字	
	教师签字		日期		
	评语：				

273

5. 检测空调制冷系统控制电路的检查单

学习场	检修空调系统				
学习情境十五	检测空调制冷系统控制电路				
学时	0.2 学时				
典型工作过程描述	准备工作—查阅空调制冷系统控制电路图—确认空调制冷系统控制电路元件安装位置—辨认空调制冷系统控制电路引脚信息—**检测空调制冷系统控制电路**—填写检测报告				
序号	检查项目	检查标准		学生自查	教师检查
1	找到所测的保险丝、继电器、引脚	所测引脚是否正确			
2	检测保险丝两端电压、电阻	检测方法是否正确、读数是否准确			
3	检测继电器工作状况	检测方法是否正确、读数是否准确			
4	检测 AC 开关、控制单元、压缩机接地电压、供电电压、信号电压	检测方法是否正确、读数是否准确			
5	检测空调制冷系统控制单元信号标准波形	仪器连接是否正确,菜单、参数设置是否正确			
6	记录检测数据、绘制波形	数据、单位是否正确			
检查评价	班级		第　　组		组长签字
	教师签字		日期		
	评语:				

6. 检测空调制冷系统控制电路的评价单

学习场	检修空调系统			
学习情境十五	检测空调制冷系统控制电路			
学时	0.2 学时			
典型工作过程描述	准备工作—查阅空调制冷系统控制电路图—确认空调制冷系统控制电路元件安装位置—辨认空调制冷系统控制电路引脚信息—**检测空调制冷系统控制电路**—填写检测报告			
评价项目	评价子项目	学生自评	组内评价	教师评价
作业流程完整性	作业流程是否完整			
作业流程规范性	作业流程是否规范			
信息记录完整准确性	信息记录是否完整、准确			
分析判断结果正确性	分析判断结果是否正确			
6S 管理	是否做到 6S 管理			
评价的评价	班级		第　　组	组长签字
	教师签字		日期	
	评语:			

学习情境十五 检测空调制冷系统控制电路

任务六 填写检测报告

1. 填写检测报告的资讯单

学习场	检修空调系统
学习情境十五	检测空调制冷系统控制电路
学时	0.2 学时
典型工作过程描述	准备工作—查阅空调制冷系统控制电路图—确认空调制冷系统控制电路元件安装位置—辨认空调制冷系统控制电路引脚信息—检测空调制冷系统控制电路—**填写检测报告**
搜集资讯的方式	线下图书与线上资源相结合。
资讯描述	1. 学会对比分析测量数据。 2. 提出正确的维修建议。
对学生的要求	1. 正确分析测量数据。 2. 提出正确的维修建议。 3. 能够养成 6S 规范作业习惯。
参考资料	《汽车空调系统检修》配套教材。

2. 填写检测报告的计划单

学习场	检修空调系统			
学习情境十五	检测空调制冷系统控制电路			
学时	0.2 学时			
典型工作过程描述	准备工作—查阅空调制冷系统控制电路图—确认空调制冷系统控制电路元件安装位置—辨认空调制冷系统控制电路引脚信息—检测空调制冷系统控制电路—**填写检测报告**			
计划制订的方式	小组讨论。			
序 号	工 作 步 骤		注 意 事 项	
1	对比分析测量数据。		分析正确、全面、透彻。	
2	提出正确的维修建议。		建议简单明了。	
计划评价	班级		第 组	组长签字
	教师签字		日期	
	评语:			

3. 填写检测报告的决策单

学习场	检修空调系统
学习情境十五	检测空调制冷系统控制电路
学时	0.2 学时
典型工作过程描述	准备工作—查阅空调制冷系统控制电路图—确认空调制冷系统控制电路元件安装位置—辨认空调制冷系统控制电路引脚信息—检测空调制冷系统控制电路—**填写检测报告**

计 划 对 比					
序　号	计划的可行性	计划的经济性	计划的可操作性	计划的实施难度	综 合 评 价
1					
2					
3					
4					
决策评价	班级		第　　组	组长签字	
	教师签字		日期		
	评语：					

4. 填写检测报告的实施单

学习场	检修空调系统	
学习情境十五	检测空调制冷系统控制电路	
学时	0.2 学时	
典型工作过程描述	准备工作—查阅空调制冷系统控制电路图—确认空调制冷系统控制电路元件安装位置—辨认空调制冷系统控制电路引脚信息—检测空调制冷系统控制电路—填写检测报告	
序　号	实 施 步 骤	注 意 事 项
1	对比分析测量数据。 记录：	分析正确、全面、透彻。
2	提出正确的维修建议。 记录：	建议简单明了。
实施说明：		
实施评价	班级		第　　组	组长签字	
	教师签字		日期		
	评语：			

学习情境十五 检测空调制冷系统控制电路

5. 填写检测报告的检查单

学习场	检修空调系统			
学习情境十五	检测空调制冷系统控制电路			
学时	0.2学时			
典型工作过程描述	准备工作—查阅空调制冷系统控制电路图—确认空调制冷系统控制电路元件安装位置—辨认空调制冷系统控制电路引脚信息—检测空调制冷系统控制电路—**填写检测报告**			
序 号	检 查 项 目	检 查 标 准	学生自查	教师检查
1	对比分析测量数据	数据分析是否正确、全面、透彻		
2	提出正确的维修建议	维修建议是否合理		
检查评价	班级		第 组	组长签字
	教师签字		日期	
	评语:			

6. 填写检测报告的评价单

学习场	检修空调系统			
学习情境十五	检测空调制冷系统控制电路			
学时	0.2学时			
典型工作过程描述	准备工作—查阅空调制冷系统控制电路图—确认空调制冷系统控制电路元件安装位置—辨认空调制冷系统控制电路引脚信息—检测空调制冷系统控制电路—**填写检测报告**			
评价项目	评价子项目	学生自评	组内评价	教师评价
对比分析测量数据	测量数据分析是否全面、透彻			
提出正确的维修建议	维修建议是否合理			
评价的评价	班级		第 组	组长签字
	教师签字		日期	
	评语:			

277

学习情境十六　检测鼓风机控制电路

任务一　检测鼓风机控制电路的准备工作

1. 检测鼓风机控制电路准备工作的资讯单

学习场	检修空调系统
学习情境十六	检测鼓风机控制电路
学时	0.1 学时
典型工作过程描述	**准备工作**—查阅鼓风机控制电路图—确认鼓风机控制电路元件的安装位置—辨认鼓风机控制电路引脚信息—检测鼓风机控制电路—填写检测报告
搜集资讯的方式	线下图书与线上资源相结合。
资讯描述	1. 鼓风机控制电路元件的作用。 2. 鼓风机控制电路工作原理。 3. 检测仪器的使用方法。
对学生的要求	1. 掌握鼓风机控制电路元件作用的知识。 2. 掌握鼓风机控制电路组成、工作原理。 3. 掌握检测仪器的使用方法。 4. 准备工具与设备。 5. 能够养成 6S 规范作业习惯。 6. 能够培养团队意识、工匠精神、职业精神。
参考资料	《汽车空调系统检修》配套教材。

2. 检测鼓风机控制电路准备工作的计划单

学习场	检修空调系统	
学习情境十六	检测鼓风机控制电路	
学时	0.1 学时	
典型工作过程描述	**准备工作**—查阅鼓风机控制电路图—确认鼓风机控制电路元件的安装位置—辨认鼓风机控制电路引脚信息—检测鼓风机控制电路—填写检测报告	
计划制订的方式	小组讨论。	
序　号	工　作　步　骤	注　意　事　项
1	鼓风机控制电路元件作用。	描述清楚。
2	鼓风机控制电路组成、工作原理。	描述清楚、完整。
3	检测仪器的使用方法。	参数单位和仪器菜单、挡位的选择。
4	准备工具与设备。	型号选择正确。

学习情境十六 检测鼓风机控制电路

计划评价	班级		第 组		组长签字	
	教师签字		日期			
	评语:					

3. 检测鼓风机控制电路准备工作的决策单

学习场	检修空调系统				
学习情境十六	检测鼓风机控制电路				
学时	0.1 学时				
典型工作过程描述	准备工作—查阅鼓风机控制电路图—确认鼓风机控制电路元件的安装位置—辨认鼓风机控制电路引脚信息—检测鼓风机控制电路—填写检测报告				
计 划 对 比					
序 号	计划的可行性	计划的经济性	计划的可操作性	计划的实施难度	综 合 评 价
1					
2					
3					
4					
决策评价	班级		第 组		组长签字	
	教师签字		日期			
	评语:					

4. 检测鼓风机控制电路准备工作的实施单

学习场	检修空调系统	
学习情境十六	检测鼓风机控制电路	
学时	0.1 学时	
典型工作过程描述	准备工作—查阅鼓风机控制电路图—确认鼓风机控制电路元件的安装位置—辨认鼓风机控制电路引脚信息—检测鼓风机控制电路—填写检测报告	
序 号	实 施 步 骤	注 意 事 项
1	鼓风机控制电路元件作用。 记录:	描述清楚。
2	鼓风机控制电路组成、工作原理。 记录:	描述清楚、完整。

279

检修汽车电子电气与空调系统

3	检测仪器的使用方法。 记录：	注意参数单位和仪器菜单、挡位的选择。
4	准备工具与设备。 记录：	型号选择正确。
实施说明：		

实施评价	班级		第　　组	组长签字	
	教师签字		日期		
	评语：				

5. 检测鼓风机控制电路准备工作的检查单

学习场	检修空调系统
学习情境十六	检测鼓风机控制电路
学时	0.1 学时
典型工作过程描述	准备工作—查阅鼓风机控制电路图—确认鼓风机控制电路元件的安装位置—辨认鼓风机控制电路引脚信息—检测鼓风机控制电路—填写检测报告

序　号	检 查 项 目	检 查 标 准	学 生 自 查	教 师 检 查
1	鼓风机控制电路元件作用	是否描述清楚		
2	鼓风机控制电路组成、工作原理	是否描述清楚、完整		
3	检测仪器的使用方法	参数单位、菜单的选择是否正确		
4	准备工具与设备	型号选择是否正确		

检查评价	班级		第　　组	组长签字	
	教师签字		日期		
	评语：				

学习情境十六 检测鼓风机控制电路

6. 检测鼓风机控制电路准备工作的评价单

学习场	检修空调系统			
学习情境十六	检测鼓风机控制电路			
学时	0.1 学时			
典型工作过程描述	准备工作—查阅鼓风机控制电路图—确认鼓风机控制电路元件的安装位置—辨认鼓风机控制电路引脚信息—检测鼓风机控制电路—填写检测报告			
评价项目	评价子项目	学生自评	组内评价	教师评价
鼓风机控制电路元件作用	描述清楚			
鼓风机控制电路组成、工作原理	描述清楚、完整			
检测仪器的使用方法	参数单位和仪器菜单、挡位的选择			
准备工具与设备	型号选择正确			
评价的评价	班级		第 组	组长签字
	教师签字		日期	
	评语:			

任务二 查阅鼓风机控制电路图

1. 查阅鼓风机控制电路图的资讯单

学习场	检修空调系统
学习情境十六	检测鼓风机控制电路
学时	0.1 学时
典型工作过程描述	准备工作—**查阅鼓风机控制电路图**—确认鼓风机控制电路元件的安装位置—辨认鼓风机控制电路引脚信息—检测鼓风机控制电路—填写检测报告
搜集资讯的方式	线下图书与线上资源相结合。
资讯描述	1. 了解车辆基本信息有哪些。 2. 学会获取发动机型号。 3. 获取电路图的识读方法。
对学生的要求	1. 能确认车辆基本信息。 2. 能确认发动机型号。 3. 熟练查阅鼓风机控制电路图。 4. 会绘制鼓风机控制电路原理简图。 5. 能够养成 6S 规范作业习惯。 6. 能够培养团队意识、工匠精神、职业精神。
参考资料	《汽车空调系统检修》配套教材。

2. 查阅鼓风机控制电路图的计划单

学习场	检修空调系统		
学习情境十六	检测鼓风机控制电路		
学时	0.1 学时		
典型工作过程描述	准备工作—**查阅鼓风机控制电路图**—确认鼓风机控制电路元件的安装位置—辨认鼓风机控制电路引脚信息—检测鼓风机控制电路—填写检测报告		
计划制订的方式	小组讨论。		
序 号	工 作 步 骤	注 意 事 项	
1	确认车辆基本信息。	准确核查车辆信息。	
2	确认发动机型号。	准确核查发动机信息。	
3	查阅鼓风机控制电路图。	型号、页码、章节选择正确。	
4	绘制鼓风机控制电路原理简图。	引脚信息标注正确。	
计划评价	班级		第 组	组长签字	
	教师签字		日期		
	评语:				

3. 查阅鼓风机控制电路图的决策单

学习场	检修空调系统				
学习情境十六	检测鼓风机控制电路				
学时	0.1 学时				
典型工作过程描述	准备工作—**查阅鼓风机控制电路图**—确认鼓风机控制电路元件的安装位置—辨认鼓风机控制电路引脚信息—检测鼓风机控制电路—填写检测报告				
	计 划 对 比				
序 号	计划的可行性	计划的经济性	计划的可操作性	计划的实施难度	综 合 评 价
1					
2					
3					
4					
决策评价	班级		第 组	组长签字	
	教师签字		日期		
	评语:				

学习情境十六 检测鼓风机控制电路

4. 查阅鼓风机控制电路图的实施单

学习场	检修空调系统
学习情境十六	检测鼓风机控制电路
学时	0.1 学时
典型工作过程描述	准备工作—**查阅鼓风机控制电路图**—确认鼓风机控制电路元件的安装位置—辨认鼓风机控制电路引脚信息—检测鼓风机控制电路—填写检测报告

序 号	实 施 步 骤	注 意 事 项
1	确认车辆基本信息。 记录：	准确核查车辆信息。
2	确认发动机型号。 记录：	准确核查发动机信息。
3	查阅鼓风机控制电路图。 记录：	型号、页码、章节选择正确。
4	绘制鼓风机控制电路原理简图。 记录：	引脚信息标注正确。

实施说明：					
实施评价	班级		第 组	组长签字	
	教师签字		日期		
	评语：				

5. 查阅鼓风机控制电路图的检查单

学习场	检修空调系统				
学习情境十六	检测鼓风机控制电路				
学时	0.1 学时				
典型工作过程描述	准备工作—**查阅鼓风机控制电路图**—确认鼓风机控制电路元件的安装位置—辨认鼓风机控制电路引脚信息—检测鼓风机控制电路—填写检测报告				
序 号	检 查 项 目	检 查 标 准	学 生 自 查	教 师 检 查	
1	确认车辆基本信息	准确核查车辆信息			
2	确认发动机型号	准确核查发动机信息			
3	查阅鼓风机控制电路图	型号、页码、章节选择正确			
4	绘制鼓风机控制电路原理简图	引脚信息标注正确			
检查评价	班级		第 组	组长签字	
	教师签字		日期		
	评语：				

6. 查阅鼓风机控制电路图的评价单

学习场	检修空调系统				
学习情境十六	检测鼓风机控制电路				
学时	0.1 学时				
典型工作过程描述	准备工作—**查阅鼓风机控制电路图**—确认鼓风机控制电路元件的安装位置—辨认鼓风机控制电路引脚信息—检测鼓风机控制电路—填写检测报告				
评 价 项 目	评 价 子 项 目	学 生 自 评	组 内 评 价	教 师 评 价	
确认车辆基本信息	车辆基本信息是否正确				
确认发动机型号	发动机型号是否正确				
查阅鼓风机控制电路图	查阅方法是否正确、完整				
绘制鼓风机控制电路原理简图	电路原理简图是否正确				
评价的评价	班级		第 组	组长签字	
	教师签字		日期		
	评语：				

学习情境十六 检测鼓风机控制电路

任务三 确认鼓风机控制电路元件的安装位置

1. 确认鼓风机控制电路元件的安装位置的资讯单

学习场	检修空调系统
学习情境十六	检测鼓风机控制电路
学时	0.2 学时
典型工作过程描述	准备工作—查阅鼓风机控制电路图—确认鼓风机控制电路元件的安装位置—辨认鼓风机控制电路引脚信息—检测鼓风机控制电路—填写检测报告
搜集资讯的方式	线下图书与线上资源相结合。
资讯描述	1. 查阅维修手册。 2. 确认车辆信息。
对学生的要求	1. 能正确查阅维修手册。 2. 能正确确认鼓风机控制电路元件的安装位置。 3. 能够养成 6S 规范作业习惯。 4. 能够培养团队意识、工匠精神、职业精神。
参考资料	《汽车空调系统检修》配套教材。

2. 确认鼓风机控制电路元件的安装位置的计划单

学习场	检修空调系统		
学习情境十六	检测鼓风机控制电路		
学时	0.2 学时		
典型工作过程描述	准备工作—查阅鼓风机控制电路图—确认鼓风机控制电路元件的安装位置—辨认鼓风机控制电路引脚信息—检测鼓风机控制电路—填写检测报告		
计划制订的方式	小组讨论。		
序 号	工 作 步 骤	注 意 事 项	
1	查阅维修手册。	章节、页码、型号选择正确。	
2	在车辆上辨认鼓风机控制电路元件的安装位置。	指认位置正确。	
计划评价	班级 第 组 组长签字		
	教师签字 日期		
	评语：		

3. 确认鼓风机控制电路元件的安装位置的决策单

学习场	检修空调系统				
学习情境十六	检测鼓风机控制电路				
学时	0.2 学时				
典型工作过程描述	准备工作—查阅鼓风机控制电路图—**确认鼓风机控制电路元件的安装位置**—辨认鼓风机控制电路引脚信息—检测鼓风机控制电路—填写检测报告				
计 划 对 比					
序 号	计划的可行性	计划的经济性	计划的可操作性	计划的实施难度	综 合 评 价
1					
2					
3					
4					
决策评价	班级		第 组	组长签字	
	教师签字		日期		
	评语:				

4. 确认鼓风机控制电路元件的安装位置的实施单

学习场	检修空调系统	
学习情境十六	检测鼓风机控制电路	
学时	0.2 学时	
典型工作过程描述	准备工作—查阅鼓风机控制电路图—**确认鼓风机控制电路元件的安装位置**—辨认鼓风机控制电路引脚信息—检测鼓风机控制电路—填写检测报告	
序 号	实 施 步 骤	注 意 事 项
1	查阅维修手册。 记录:	章节、页码、型号选择正确。
2	在车辆上辨认鼓风机控制电路元件的安装位置。 记录:	指认位置正确。
实施说明:		
实施评价	班级		第 组	组长签字	
	教师签字		日期		
	评语:				

学习情境十六　检测鼓风机控制电路

5. 确认鼓风机控制电路元件的安装位置的检查单

学习场	检修空调系统				
学习情境十六	检测鼓风机控制电路				
学时	0.2 学时				
典型工作过程描述	准备工作—查阅鼓风机控制电路图—**确认鼓风机控制电路元件的安装位置**—辨认鼓风机控制电路引脚信息—检测鼓风机控制电路—填写检测报告				
序　号	检 查 项 目	检 查 标 准		学 生 自 查	教 师 检 查
1	查阅维修手册	章节、页码、型号是否选择正确			
2	在车辆上辨认鼓风机控制电路元件的安装位置	指认位置是否正确			
检查评价	班级		第　　组	组长签字	
	教师签字		日期		
	评语：				

6. 确认鼓风机控制电路元件的安装位置的评价单

学习场	检修空调系统			
学习情境十六	检测鼓风机控制电路			
学时	0.2 学时			
典型工作过程描述	准备工作—查阅鼓风机控制电路图—**确认鼓风机控制电路元件的安装位置**—辨认鼓风机控制电路引脚信息—检测鼓风机控制电路—填写检测报告			
评价项目	评价子项目	学 生 自 评	组 内 评 价	教 师 评 价
作业流程完整性	作业流程是否完整			
作业流程规范性	作业流程是否规范			
评价的评价	班级		第　　组	组长签字
	教师签字		日期	
	评语：			

任务四　辨认鼓风机控制电路引脚信息

1．辨认鼓风机控制电路引脚信息的资讯单

学习场	检修空调系统
学习情境十六	检测鼓风机控制电路
学时	0.2 学时
典型工作过程描述	准备工作—查阅鼓风机控制电路图—确认鼓风机控制电路元件的安装位置—**辨认鼓风机控制电路引脚信息**—检测鼓风机控制电路—填写检测报告
搜集资讯的方式	线下图书与线上资源相结合。
资讯描述	1．维修手册。 2．鼓风机控制电路元件插头引脚。
对学生的要求	1．熟练使用维修资料。 2．能正确辨认鼓风机插头引脚。 3．能正确辨认鼓风机控制开关插头引脚。 4．能正确辨认线束颜色。 5．能够养成 6S 规范作业习惯。 6．能够培养团队意识、工匠精神、职业精神。
参考资料	《汽车空调系统检修》配套教材。

2．辨认鼓风机控制电路引脚信息的计划单

学习场	检修空调系统			
学习情境十六	检测鼓风机控制电路			
学时	0.2 学时			
典型工作过程描述	准备工作—查阅鼓风机控制电路图—确认鼓风机控制电路元件的安装位置—**辨认鼓风机控制电路引脚信息**—检测鼓风机控制电路—填写检测报告			
计划制订的方式	小组讨论。			
序　号	工　作　步　骤		注　意　事　项	
1	查阅维修电路图。		页码、章节、型号选择正确。	
2	拆下鼓风机及控制开关插头。		拆卸方法正确。	
3	对比维修资料中的引脚信息。		信息正确。	
4	辨认线束颜色。		颜色正确。	
计划评价	班级		第　　组	组长签字
	教师签字		日期	
	评语：			

3. 辨认鼓风机控制电路引脚信息的决策单

学习场	检修空调系统				
学习情境十六	检测鼓风机控制电路				
学时	0.2 学时				
典型工作过程描述	准备工作—查阅鼓风机控制电路图—确认鼓风机控制电路元件的安装位置—**辨认鼓风机控制电路引脚信息**—检测鼓风机控制电路—填写检测报告				
计 划 对 比					
序 号	计划的可行性	计划的经济性	计划的可操作性	计划的实施难度	综 合 评 价
1					
2					
3					
4					
决策评价	班级		第　　组		组长签字	
	教师签字		日期			
	评语：					

4. 辨认鼓风机控制电路引脚信息的实施单

学习场	检修空调系统
学习情境十六	检测鼓风机控制电路
学时	0.2 学时
典型工作过程描述	准备工作—查阅鼓风机控制电路图—确认鼓风机控制电路元件的安装位置—**辨认鼓风机控制电路引脚信息**—检测鼓风机控制电路—填写检测报告

序 号	实 施 步 骤	注 意 事 项
1	查阅维修电路图。 记录：	页码、章节、型号选择正确。
2	拆下鼓风机及控制开关插头。 记录：	拆卸方法正确。
3	对比维修资料引脚信息。 记录：	信息正确。

检修汽车电子电气与空调系统

		辨认线束颜色。	
4		记录：	颜色正确。

实施评价	实施说明：				
	班级		第 组	组长签字	
	教师签字		日期		
	评语：				

5. 辨认鼓风机控制电路引脚信息的检查单

学习场	检修空调系统
学习情境十六	检测鼓风机控制电路
学时	0.2学时
典型工作过程描述	准备工作—查阅鼓风机控制电路图—确认鼓风机控制电路元件的安装位置—**辨认鼓风机控制电路引脚信息**—检测鼓风机控制电路—填写检测报告

序 号	检 查 项 目	检 查 标 准	学生自查	教师检查
1	查阅维修电路图	页码、章节、型号是否选择正确		
2	拆下鼓风机及控制开关插头	拆卸方法是否正确		
3	对比维修资料中的引脚信息	信息是否正确		
4	辨认线束颜色	颜色是否正确		

检查评价					
	班级		第 组	组长签字	
	教师签字		日期		
	评语：				

学习情境十六 检测鼓风机控制电路

6. 辨认鼓风机控制电路引脚信息的评价单

学习场	检修空调系统			
学习情境十六	检测鼓风机控制电路			
学时	0.2 学时			
典型工作过程描述	准备工作—查阅鼓风机控制电路图—确认鼓风机控制电路元件的安装位置—**辨认鼓风机控制电路引脚信息**—检测鼓风机控制电路—填写检测报告			
评价项目	评价子项目	学生自评	组内评价	教师评价
作业流程完整性	作业流程是否完整			
作业流程规范性	作业流程是否规范			
信息记录准确性	信息记录是否完整、准确			
6S 管理	是否做到 6S 管理			
评价的评价	班级		第 组	组长签字
	教师签字		日期	
	评语：			

任务五 检测鼓风机控制电路

1. 检测鼓风机控制电路的资讯单

学习场	检修空调系统
学习情境十六	检测鼓风机控制电路
学时	0.2 学时
典型工作过程描述	准备工作—查阅鼓风机控制电路图—确认鼓风机控制电路元件的安装位置—辨认鼓风机控制电路引脚信息—**检测鼓风机控制电路**—填写检测报告
搜集资讯的方式	线下图书与线上资源相结合。
资讯描述	1. 维修手册。 2. 鼓风机控制电路元件插头引脚信息。 3. 引脚与接地电压的标准值、标准波形。 4. 信号引脚与接地之间标准波形。
对学生的要求	1. 熟练使用维修手册。 2. 检测鼓风机控制电路方法正确、规范。 3. 正确使用测量仪表。 4. 能够养成 6S 规范作业习惯。
参考资料	《汽车空调系统检修》配套教材。

2. 检测鼓风机控制电路的计划单

学习场	检修空调系统			
学习情境十六	检测鼓风机控制电路			
学时	0.2学时			
典型工作过程描述	准备工作—查阅鼓风机控制电路图—确认鼓风机控制电路元件的安装位置—辨认鼓风机控制电路引脚信息—**检测鼓风机控制电路**—填写检测报告			
计划制订的方式	小组讨论。			
序 号	工 作 步 骤		注 意 事 项	
1	找到所测的保险丝、继电器、引脚。		所测引脚正确。	
2	检测保险丝两端电压、电阻。		检测方法正确、读数准确。	
3	检测继电器工作状况。		检测方法正确、读数准确。	
4	检测鼓风机及控制开关接地电压、供电电压、信号电压。		检测方法正确、读数准确。	
5	检测鼓风机控制开关信号标准波形。		仪器连接正确,菜单、参数设置正确。	
6	记录检测数据、绘制波形。		数据、单位正确。	
计划评价	班级		第 组	组长签字
	教师签字		日期	
	评语:			

3. 检测鼓风机控制电路的决策单

学习场	检修空调系统			
学习情境十六	检测鼓风机控制电路			
学时	0.2学时			
典型工作过程描述	准备工作—查阅鼓风机控制电路图—确认鼓风机控制电路元件的安装位置—辨认鼓风机控制电路引脚信息—**检测鼓风机控制电路**—填写检测报告			
计 划 对 比				
序 号	计划的可行性	计划的经济性	计划的可操作性	计划的实施难度	综 合 评 价
1					
2					
3					
4					
决策评价	班级		第 组	组长签字
	教师签字		日期	
	评语:			

学习情境十六 检测鼓风机控制电路

4. 检测鼓风机控制电路的实施单

学习场	检修空调系统	
学习情境十六	检测鼓风机控制电路	
学时	0.2 学时	
典型工作过程描述	准备工作—查阅鼓风机控制电路图—确认鼓风机控制电路元件的安装位置—辨认鼓风机控制电路引脚信息—**检测鼓风机控制电路**—填写检测报告	
序　号	实　施　步　骤	注　意　事　项
1	找到所测的保险丝、继电器、引脚。 记录：	所测引脚正确。
2	检测保险丝两端电压、电阻。 记录：	检测方法正确、读数准确。
3	检测继电器工作状况。 记录：	检测方法正确、读数准确。
4	检测鼓风机及控制开关接地电压、供电电压、信号电压。 记录：	检测方法正确、读数准确。
5	检测鼓风机控制开关信号标准波形。 记录：	仪器连接正确，菜单、参数设置正确。
6	记录检测数据、绘制波形。 记录：	数据、单位正确。
实施说明：		

实施评价	班级		第　组	组长签字	
	教师签字		日期		
	评语：				

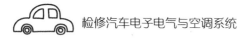

5. 检测鼓风机控制电路的检查单

学习场	检修空调系统				
学习情境十六	检测鼓风机控制电路				
学时	0.2 学时				
典型工作过程描述	准备工作—查阅鼓风机控制电路图—确认鼓风机控制电路元件的安装位置—辨认鼓风机控制电路引脚信息—**检测鼓风机控制电路**—填写检测报告				
序号	检查项目		检查标准	学生自查	教师检查
1	找到所测的保险丝、继电器、引脚		所测引脚是否正确		
2	检测保险丝两端电压、电阻		检测方法是否正确、读数是否准确		
3	检测继电器工作状况		检测方法是否正确、读数是否准确		
4	检测鼓风机及控制开关接地电压、供电电压、信号电压		检测方法是否正确、读数是否准确		
5	检测鼓风机控制开关信号标准波形		仪器连接是否正确,菜单、参数设置是否正确		
6	记录检测数据、绘制波形		数据、单位是否正确		
检查评价	班级		第　　组	组长签字	
	教师签字		日期		
	评语:				

6. 检测鼓风机控制电路的评价单

学习场	检修空调系统			
学习情境十六	检测鼓风机控制电路			
学时	0.2 学时			
典型工作过程描述	准备工作—查阅鼓风机控制电路图—确认鼓风机控制电路元件的安装位置—辨认鼓风机控制电路引脚信息—**检测鼓风机控制电路**—填写检测报告			
评价项目	评价子项目	学生自评	组内评价	教师评价
作业流程完整性	作业流程是否完整			
作业流程规范性	作业流程是否规范			
信息记录完整准确性	信息记录是否完整、准确			
分析判断结果正确性	分析判断结果是否正确			
6S 管理	是否做到 6S 管理			
评价的评价	班级		第　　组	组长签字
	教师签字		日期	
	评语:			

学习情境十六　检测鼓风机控制电路

任务六　填写检测报告

1. 填写检测报告的资讯单

学习场	检修空调系统
学习情境十六	检测鼓风机控制电路
学时	0.2 学时
典型工作过程描述	准备工作—查阅鼓风机控制电路图—确认鼓风机控制电路元件的安装位置—辨认鼓风机控制电路引脚信息—检测鼓风机控制电路—**填写检测报告**
搜集资讯的方式	线下图书与线上资源相结合。
资讯描述	1. 学会对比分析测量数据。 2. 提出正确的维修建议。
对学生的要求	1. 正确分析测量数据。 2. 提出正确的维修建议。 3. 能够养成 6S 规范作业习惯。
参考资料	《汽车空调系统检修》配套教材。

2. 填写检测报告的计划单

学习场	检修空调系统			
学习情境十六	检测鼓风机控制电路			
学时	0.2 学时			
典型工作过程描述	准备工作—查阅鼓风机控制电路图—确认鼓风机控制电路元件的安装位置—辨认鼓风机控制电路引脚信息—检测鼓风机控制电路—**填写检测报告**			
计划制订的方式	小组讨论。			
序　号	工　作　步　骤		注　意　事　项	
1	对比分析测量数据。		分析正确、全面、透彻。	
2	提出正确的维修建议。		建议简单明了。	
计划评价	班级		第　　组	组长签字
	教师签字		日期	
	评语：			

3. 填写检测报告的决策单

学习场	检修空调系统
学习情境十六	检测鼓风机控制电路
学时	0.2 学时
典型工作过程描述	准备工作—查阅鼓风机控制电路图—确认鼓风机控制电路元件的安装位置—辨认鼓风机控制电路引脚信息—检测鼓风机控制电路—**填写检测报告**

计 划 对 比					
序　　号	计划的可行性	计划的经济性	计划的可操作性	计划的实施难度	综 合 评 价
1					
2					
3					
4					
决策评价	班级		第　　组	组长签字	
	教师签字		日期		
	评语:				

4. 填写检测报告的实施单

学习场	检修空调系统	
学习情境十六	检测鼓风机控制电路	
学时	0.2 学时	
典型工作过程描述	准备工作—查阅鼓风机控制电路图—确认鼓风机控制电路元件的安装位置—辨认鼓风机控制电路引脚信息—检测鼓风机控制电路—填写检测报告	
序　　号	实 施 步 骤	注 意 事 项
1	对比分析测量数据。 记录:	分析正确、全面、透彻。
2	提出正确的维修建议。 记录:	建议简单明了。
实施说明:		
实施评价	班级		第　　组	组长签字	
	教师签字		日期		
	评语:				

学习情境十六 检测鼓风机控制电路

5. 填写检测报告的检查单

学习场	检修空调系统			
学习情境十六	检测鼓风机控制电路			
学时	0.2 学时			
典型工作过程描述	准备工作—查阅鼓风机控制电路图—确认鼓风机控制电路元件的安装位置—辨认鼓风机控制电路引脚信息—检测鼓风机控制电路—**填写检测报告**			
序 号	检 查 项 目	检 查 标 准	学 生 自 查	教 师 检 查
1	对比分析测量数据	数据分析是否正确、全面、透彻		
2	提出正确的维修建议	维修建议是否合理		
检查评价	班级		第 组	组长签字	
	教师签字		日期		
	评语:				

6. 填写检测报告的评价单

学习场	检修空调系统			
学习情境十六	检测鼓风机控制电路			
学时	0.2 学时			
典型工作过程描述	准备工作—查阅鼓风机控制电路图—确认鼓风机控制电路元件的安装位置—辨认鼓风机控制电路引脚信息—检测鼓风机控制电路—**填写检测报告**			
评 价 项 目	评价子项目	学 生 自 评	组 内 评 价	教 师 评 价
对比分析测量数据	测量数据分析是否全面、透彻			
提出正确的维修建议	维修建议是否合理			
评价的评价	班级		第 组	组长签字	
	教师签字		日期		
	评语:				

参 考 文 献

[1] 程丽群. 汽车电气系统维修[M]. 北京：机械工业出版社，2022.

[2] 刘冬生，黄国平，黄华文. 汽车电气设备构造与维修[M]. 2 版. 北京：机械工业出版社，2017.

[3] 王启瑞. 汽车电气及电子设备[M]. 合肥：安徽科学技术出版社，2000.

[4] 陈健健，夏斌. 汽车空调维修理实一体化教程[M]. 北京：机械工业出版社，2010.

[5] 闫智勇，吴全全. 现代职业教育体系建设目标研究[M]. 重庆：重庆大学出版社，2017.

[6] 姜大源. 职业教育要义[M]. 北京：北京师范大学出版社，2022.